儲かるモノづくりのための
PLMと原価企画
設計・製造・会計の連携がもたらす新しい経営手法

北山 一真 × 尾関 将 × 伊与田 克宏

東洋経済新報社

はじめに
～「儲かるモノづくりの実現」について解説した本

　儲かるモノづくりの実現には、「競争力のある製品」「利益力のある製品」を生み出す力が必要だ。これは、企業にとって永遠のテーマだろう。「設計・開発段階でコストの80％が決まる」というキーワードが示すように、上流でのコストマネジメントが重要となる。これは品質とコストの二律背反をいかに解くかという命題であり、企業の最重要課題と言える。

　そう考えると、「技術」と「会計」（言い換えれば、設計と原価）がバラバラな状態では、絶対に解けない問題である。しかし、現状、設計部門と原価部門が膝を突き合わせてコスト競争力を高めるための議論もなく、設計システムと会計システムもバラバラであり、原価情報ひとつとっても設計・調達・製造で共有されていない。プロセス・システム・データどれをとってもバラバラな状態である。そんなことでは、設計・開発段階でコストコントロールできるはずがない。そういった問題意識を持ちつつ、設計と原価の融合を切り口に、特に、「PLM」と「原価企画」というキーワードを中心に本書は構成されている。

融合がもたらすプロセス・イノベーション

　今、環境変化が激しく、収益構造も大きく変わっている。変化に対応するには、業務プロセスよりデータが重要になり、それを支えるテクノロジーに価値が出てくる。テクノロジーだけが、プロセス・イノベーションを起こすことができるからだ。20年後を見据え、業務レベルのステージを劇的に変える時代に突入したのだ。プロセス・イノベーションに、魔法の杖はない。様々な視点から問題を整理し、解決策を考えなければならない。

本書の構成にも、複数視点の「掛け算」を重要視している。

技術 × 会計
設計 × 原価
PLM × ERP
経営 × テクノロジー
理想論 × 現実論

様々な視点の融合が新しい課題解決の切り口を見出してくれる。本書は、設計の細かな点を解説したと思ったら原価の解説がある。会計の話のあとにBOMのマニアックな話も出てくる。損益管理で経営者向けの話のあとに、テクノロジーの泥臭い話が出てきたりもする。そういった意味では、この本は設計部門向けとか原価部門向けとか特定の人向けにはなっていない。問題が複雑化している今において、複数の視点を持って、融合という視点で課題解決に挑まなければならないのだ。本書をきっかけに、部門の壁を取っ払い様々な掛け算での議論を巻き起こしてもらいたい。

本書の構成

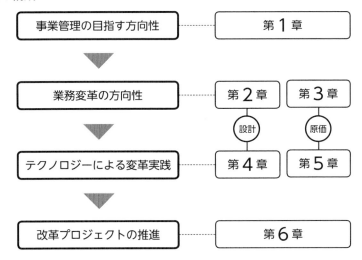

本書は、6章構成になっている。第1章は事業管理や損益管理について、少しマニアックな内容もあるが、主に経営者向けに記述している。第2章・第3章が業務改革の大きな方向性について触れている。第4章・第5章は事例を交えながら、テクノロジーを活用した変革について解説している。最後に、第6章は改革を推進するポイントを述べている。業務課題を解決したい人・システム導入を検討している人・改革プロジェクトの推進者など、この1冊から様々な立場の課題と解決の方向性を理解いただけると思う。

　本書は、執筆者も複数から構成されている。業務的な視点で、第1章～第3章・第6章を筆者（北山一真）が担当し、テクノロジーの視点では、第4章を株式会社図研プリサイト　尾関将氏、第5章を東洋ビジネスエンジニアリング株式会社　伊与田克宏氏が担当し、立場の違う視点から解説しているところも、見識の幅を広げていただけると思う。

　各章の概要は以下となっている。

第1章：
　経営者に読んでもらいたい章。事業管理として目指す方向性を示した。サービス化・IoT化など旧来と収益構造が変わった時代の事業管理や損益管理について問題提起をしている。PLMの導入や経営者の説得に困っている方にも参考になると考える。

第2章：
　設計の課題解決したい方に読んでもらいたい章。製品の品質とコストを決定する設計・開発をどのように変革していくべきか、なぜ設計改革は失敗するのかについて解説している。20年後を見据えた際にどのような方向性を考えておくべきなのかについて提言している。

第3章：
　原価や会計の課題解決したい方に読んでもらいたい章。製造業の儲けの本質はどこにあるのか、そして設計段階におけるコストマネジメントや利益企画において重要な点などについて解説している。

第4章：
　設計システムの導入や、テクノロジーを活用し設計の課題を解決したい方に読んでもらいたい章。PLM・BOM・CADのテクノロジーを総合的な視点から、効果的な導入について解説している。部品標準化や原価見積を促進させるテクノロジーのあり方や、設計・製造連携を実現させるBOP、具体的な導入事例などを交えながら解説している。

第5章：
　原価/会計システムの導入や、テクノロジーを活用し製造や会計の課題を解決したい方に読んでもらいたい章。原価情報を中心にし、設計・製造・原価の連携について解説している。様々な事例を通じてテクノロジーが原価企画やコストダウンを促進させる方法について解説している。PLMとERPの連携や、原価と設計の連携など、データ連携の姿を再考してもらいたい。

第6章：
　改革を推進する方に読んでもらいたい章。業務改革やシステム導入を行おうとした際に、全員が前向きになって改革が進むわけではない。改革を推進する立場として心がけることや、変化の激しい今の時代に合ったシステム導入のアプローチについて解説している。

「無責任な立場」の責任のあり方

　筆者が、コンサルティングの仕事について20年がたった。様々な企業の改革の支援を行ってきたが、いつも思うことがある。コンサルタント自身が言うのも変な話だが、自分は無責任な立場だなと思う。本文でも少し触れているが、コンサルタントが考える仕事のあるべき姿は、結局、その仕事は自分でやらないし、自分の手を汚さないので、あれやろうこれやろうと言えてしまうのだ。所詮自分の生活には全く影響しないし、自分の将来に影響しない。ましてや、数年たてばその企業からいなくなってしまう。極端な話、改革プロジェクトの最終報告がうまくいって、検収をもらって、晴れ晴れした気持ちでその企業から立ち去って、その後、効果が出ていようが出ていまいが関係ない立場なのだ。

　考えてみれば、非常に無責任な存在だ。そのくせ、そこそこのお金も取るし、パワーポイントで綺麗な絵を描くだけで、最後の泥臭い部分は、現場やITベンダーが尻拭いをすることになる。逆に、ITベンダーは運用や保守などでずっとよりそってくれる企業のため貴重な存在になる。こうやって、この文章を書きながらも、改めてやっぱりコンサルタントは、無責任な存在だなと思ってしまうのだ。

　しかし、逆説的だが、そんな立場だからこそ、「無責任な立場」の責任の取り方があるはずだと思っている。それは、誰よりも純粋に真っ直ぐに課題に向き合うということだ。プロジェクトを始めると、前の活動を否定するとAさんに悪いとか、B部長の顔を立ててとか、それこそ自分の次フェーズ契約のことを考えてとか、稼働率を上げなければとか、Cさんとは仲良くなっていたほうがいいなとか、色々な邪念が入ってきてしまう。どうせ、いなくなる無責任な立場なんだから、改革するときに誰か1人くらい余計なことを考えずに、真っ直ぐ課題と向き合う人がいてもいいのではないかと。

　部門間で言いたくないことも、代弁して喧嘩したらいいと思っている。ど

うせ、いなくなるんだから。だからこそ、誰よりも真っ直ぐに課題と向き合い、お客様以上にもっと先のことを考え、悩みに悩み抜き、多少攻撃的な言葉を使ってでも課題解決するじゃじゃ馬になる必要があるのだ。だからこそ数年でいなくなるくらいがちょうどいいし、そもそも無駄なお金も使わなくてすむので、それが健全なのである。

そんな思いで筆をとっているため、本文でも良い子ちゃんで綺麗事を言うだけでは終わらせていない。議論を巻き起こすために、多少汚い言葉、攻撃的な言葉を使って書き記している。読者に怒りを覚えてもらってもいい。本書により気持ちが動き、改革を起こすきっかけとなってもらえればと思っている。

本書を作成するに当たり、筆者が書籍化の話を持ち出した際に、本書の実現にご尽力いただいた東洋ビジネスエンジニアリング 八田朝子氏には感謝を申し上げたい。また、東洋経済新報社 清末真司氏には、原稿が遅れ遅れになった筆者のサポートをしていただいたおかげで、最後までたどり着けた。図研プリサイト 尾関氏や東洋ビジネスエンジニアリング 伊与田氏には、テクノロジーの観点や多くの事例を元に議論させていただいたことで、多くの融合を考慮した書籍に仕上がったと思う。この場を借りて御礼申し上げる。次の世代のために、日本のモノづくりのために、本書が改革の参考（バイブル）になれば幸いである。

2019年7月　　　　　　　　　　　　　　株式会社プリベクト　北山　一真

儲かるモノづくりのためのPLMと原価企画

◉ 目次 ◉

はじめに ………………………………………………………………… 001

第1章
事業を正しく評価する"真の"利益とは ……………… 017

1-1
プロダクト損益が事業の真の姿を映し出す ……… 019

スローガン化してしまっている「保守・サービス化」 ………… 020
column ● 僕たちが儲けてやっているんだ！ ……………… 021
「会計＝細かく管理」という固定概念を捨てる ……………… 022
失われた会計の50年を取り戻す ……………………………… 024
column ● 50年前の昭和のルールなんて時代錯誤だ！ ……… 026
ERPとPLMの両輪が経営管理の目指すべき姿 ……………… 027

1-2
技術と会計の融合が事業を強くする ……………………… 029

設計と原価はケンカすらしない疎遠状態 …………………… 030
原価の実力を知らずに開発をする異常行為 ………………… 031
設計・製造連携の本質はどこにあるのか？ ………………… 032

経営者は設計・開発に関心と責任がなさすぎる！ ················· 034
　ブラックボックスでマニアックな技術部門は
　経営者から理解されない ································· 035
　PLMは経営者の自分事になっていない ····················· 036
　ITの投資効果を気にしている時点で"失敗" ················· 037
　テクノロジーがプロセス・イノベーションを起こす ············· 040

第2章
競争力ある製品を生み出す仕組みづくり ············· 043
〜人間と機械の共存による設計改革〜

2-1
絵と文字から脱却し、テクノロジーによる改革をする ············· 045

　設計は昭和そのもの。デジタル化における周回遅れ ············· 046
　CADは描画ツールではなく、情報化ツールである ············· 047
　形式化している品質チェックを変革する ····················· 048
　設計×AI ··· 049

2-2
管理強化から脱却し、
設計ナレッジに着目した改革をする ……………… 051

 正論が設計を弱くする ……………………………………… 052
 無責任な第三者ほど、量に頼った品質管理を推奨する ……… 053
 設計の本質は図面でもBOMでもない。設計諸元だ ………… 054
 部品表（BOM）は、コミュニケーション改善に用いるもの … 056
 「発生源入力」という情報管理の大原則 …………………… 057
  column●意味のない地獄から、意味のある地獄へ ……………… 059

2-3
個人商店化した属人的バラバラ設計から脱却し、
全員力の改革をする ………………………………… 061

 失敗の横展開はあっても、成功の横展開がない ……………… 061
 文書形式の設計手順書は、
 頑張ってつくっても活用されない ………………………… 062
 設計ナレッジとは、思考を論理的に言語化することだ ……… 064
 ナレッジによって、2つの過剰を取り除く ………………… 064
 設計ナレッジで、最も重要なのは「経緯・根拠」である ……… 066
 メールに埋もれた「経緯・根拠」が設計をダメにする ………… 069
  column●「技術は、失敗して覚えろ！」は正しいのか？ …………… 071
 設計諸元とBOMが、
 高度な製品情報管理と連携を実現させる …………………… 073

第3章
利益力ある製品を生み出す仕組みづくり 075
~技術と会計の融合による原価改革~

3-1
いい加減な原価のものさしが、コスト競争力の源泉となる 076

いい加減な原価・適当な原価という考え方 077

「設計の自由度」と「原価の精度」はトレードオフ 079

「原価のものさし」を使って、原価のPDCAを実現 080

原価の実力把握には、「一物一価」という考え方は捨てるべき 083

「見積書のデータ管理」この調達改革を忘れてはならない！ 083

統計的コストテーブル vs 構造的コストテーブル 085

設計諸元が、コストを支配している 088

「重量当たり単価」は、原価意識をダメにする 090

工学 × 数学 092

 column◉怒られたくない気持ちが、バッファを生んでしまう 097

 column◉統計のコストテーブルは、精度が悪くても使える 099

3-2
固定費マネジメントにより利益をデザインする
── 原価企画から利益企画の世界 ………………… 101

- 製造業の儲けの本質は「固定費マネジメント」 …………… 102
- 資産リストを作成しない製造と調達の怠慢を許すな ……… 105
- 今のデザインレビューは、後出しジャンケンだ！ ………… 107
- 原価企画・コストマネジメントの3要素 …………………… 110
- 予算とは、コストの「未然防止」活動である ……………… 114
- Cost-BOMによる原価管理の高度化 ………………………… 117
- 原価企画から利益企画へ（利益をデザインする） ………… 122
- 固定費が利益構造を根本的に変える ………………………… 125

第4章
PLMで獲得する
コスト競争力 ……………………… 127

- PLMって必要なのか？ ………………………………………… 129
- PLMって何のため？ …………………………………………… 131
- 利益を増やすためには ………………………………………… 132
- 部材費低減が経営に与えるインパクト ……………………… 133
- 製品コストの確定段階 ………………………………………… 135

PLM でコストダウン、その要件とは？ …………………………… 137
　column ● PLM と CAD、なぜ分断されているのか？ ……………… 139
設計フェーズからのコストダウン、2 つのポイント ……………… 141
部品標準化の推進 ………………………………………………… 143
部品種別に応じた標準化支援 IT：エレキ部品 ……………………… 146
部品種別に応じた標準化支援 IT：メカ部品 ………………………… 147
いたずらに新規部品を増やしていないか？ ………………………… 150
部品使用分布の見える化 ………………………………………… 154
IT 抜きには語れない部品標準化推進 ……………………………… 155
PLM を活用した原価シミュレーション事例：
ローレルバンクマシン株式会社 …………………………………… 156
　column ● 昨今の労働環境と PLM ………………………………… 159
固定費マネジメントへの貢献 ……………………………………… 161
部品標準化のもう 1 つの意味 ……………………………………… 162
固定費マネジメントを支援するための PLM ……………………… 164
PLM 製品への BOP 実装における明暗 …………………………… 166
　column ● 景気動向と製造業の改善テーマ ………………………… 168
BOP が導く真のコンカレントエンジニアリング ………………… 171
原価企画から始まる PLM ………………………………………… 173
経営管理システムへの昇華 ………………………………………… 173
PLM 領域への AI（人工知能）適用 ……………………………… 176
　column ● 工数削減による ROI（投資対効果）の落とし穴 ……… 179

第5章
設計・製造・会計連携による製品事業力強化 …… 183

- 年1機生産から週15機生産への変革 …………………… 185
- 変革を阻むコミュニケーションの壁 …………………… 186
- デジタル化と見える化による変革 ……………………… 188
  - 空間と時間を越える仮想大部屋活動 ……………………… 189
  - 行動を変える見える化 ……………………………………… 191
  - column●見える化から標準化、高度化へ ………………… 195
- 原価情報は戦略的コミュニケーションツール ………… 197
- 経営方針を現場行動に反映させる原価情報 …………… 198
- 原価の発生は製造段階でも決定は設計段階 …………… 200
- 原価企画における見える化のポイント ………………… 203
- ネジ1つで大きく変わる製造視点のコストファクター事例 …… 205
- 原価企画における原価見える化と
  コストダウンアイディア創出の事例 …………………… 209
  - 原価情報の見える化でアイディアを創出 ………………… 210
  - スピードがより多くのアイディアを生み出す …………… 213
  - 設計が変わる製造情報の見える化 ………………………… 215

設計者にコスト意識を根づかせ、
原価見積の PDCA を実践した事例 ……………………………… 216
　　出図前の原価見える化 ……………………………………… 217
　　設計成果物の共有と活用 …………………………………… 218
　　見積原価の改善 PDCA サイクル実現 ……………………… 219
廃番計画と損益シミュレーションの事例 ………………………… 219
　　column ● 配賦計算こそ原価計算の経営ツール ……………… 221
製造業の儲けの本質を強化 ………………………………………… 224
プロダクト損益管理で製品事業力を強化 ………………………… 227
稼ぐ力を維持・強化し続けるための
製品事業力の見える化 ……………………………………………… 230
　　column ● IoTを活用した製造情報による原価企画の精度向上 …… 231
設計製造情報連携の様々な事例 …………………………………… 233
　　設計検討段階からの設計と製造の情報連携 ………………… 235
　　VE コストダウン検討と設計への生産アラート …………… 237
　　設計製造情報を営業で活かして受注能力を向上 …………… 239
　　3D 設計情報の製造活用 …………………………………… 240
モノづくりの全部門で活用できる設計製造情報 ………………… 241

第6章
プロセス・イノベーションを実現させる改革アプローチ ……… 245
~テクノロジーによる業務変革の道筋~

- 改革事例をどう参考にすべきなのか ……………………… 246
- 改革に「神の眼」は存在しない ……………………………… 248
- 「きっちり要件定義」は古い。自立成長型システムの勧め …… 252
- column ●テクノロジー × 働き方改革 ……………………… 256
- 40代・30代・20代は、イメージできないことにチャレンジすべき ……………… 258

第1章
事業を正しく評価する"真の"利益とは

事業変革として、まず「事業を正しく評価するための"利益"が見えているか？」という問題提起をしたい。それは言い換えれば、「経営者は本当に事業が見えているか？」ということにも通じ、事業管理や事業評価について再考することになる。

　事業の基本は、「魅力ある製品」をつくり、「利益を生む製品」をつくり続けることだ。無論、企業としては社会貢献や社員の働く環境づくりもあるだろうが、製品やサービスの事業が根幹である。しかも、事業存続のためには「利益を生む」ということが最も重要となる。利益至上主義で言っているわけではなく、儲からないと社員を食べさせられないからだ。

　本章では、「利益を生む製品」とは何か、事業から生まれた利益をどう評価するのかについて解説したい。

図1 事業力強化のための2つの力

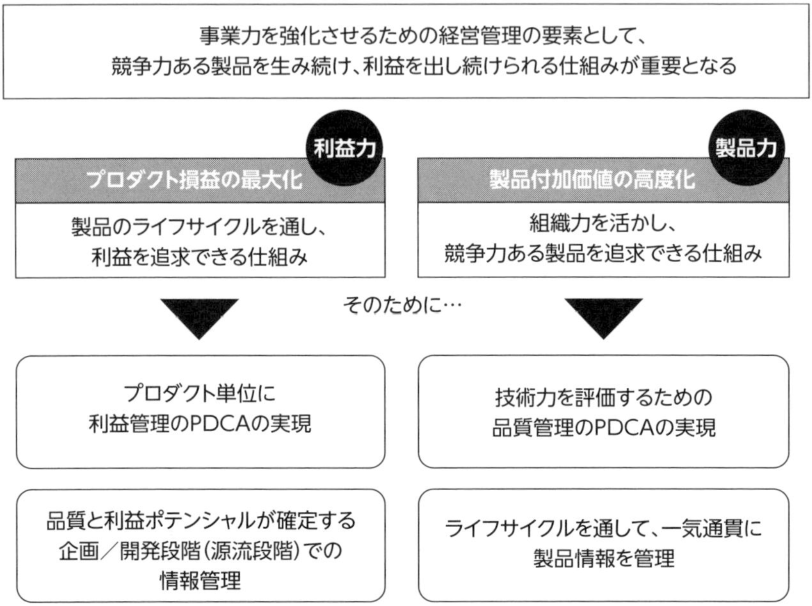

事業力を強化させるための経営管理の要素として、
競争力ある製品を生み続け、利益を出し続けられる仕組みが重要となる

 利益力　　 製品力

プロダクト損益の最大化	製品付加価値の高度化
製品のライフサイクルを通し、利益を追求できる仕組み	組織力を活かし、競争力ある製品を追求できる仕組み

そのために…

プロダクト単位に利益管理のPDCAの実現	技術力を評価するための品質管理のPDCAの実現
品質と利益ポテンシャルが確定する企画／開発段階（源流段階）での情報管理	ライフサイクルを通して、一気通貫に製品情報を管理

1-1
プロダクト損益が事業の真の姿を映し出す

　多くの企業で「見える化」できている損益とは何か。それは期間損益である（図2の縦で集計された損益）。財務会計に代表されるように、ある一定期間において利益が出たのかを評価する。この期間損益は、組織運営が適切であったかという「組織力」を評価していることになり、最も基本的な損益となる。

　しかし、もっと重要な損益がプロダクト損益である（図2の横で集計された損益）。プロダクト損益は、製品・サービスそのものが、どれだけ利益を生んだのかを見える化し、年度をまたがって評価していく。

　期間損益は経営者も関心が高く、システム化も進んでいる。しかし、プロダクト損益は明確なルールもなく、システム化もされていないため、場当たり的で感覚的な損益評価にならざるをえない。しかも、プロダクト損益を見たくても、人海戦術でデータを集め、Excelで集計するというレベルの仕事になってしまっているのだ。

図2 経営を支える2つの損益評価

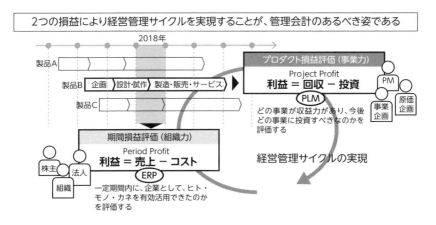

スローガン化してしまっている「保守・サービス化」

　近年、「保守・サービスで儲ける」というように、利益構造が変化している企業が増えている。利益の8割を保守・サービスが支えているという企業も少なくない。そのためには、製品本体は少しくらい薄利でもいい、場合によっては赤字でも受注するという企業もいるはずだ。

　では、それらの足りない利益や赤字部分をどのくらい保守やサービスで補填できているのだろうか。「製品本体利益＋保守・サービス利益」を見える化し、マネジメントできているのだろうか。「保守・サービスで儲ける」といくら声高に叫んでも、数字を見て意思決定していなければ事業管理と呼べない。単なるスローガンでしかない。

　事業の方向性としてサービス化を掲げるのはよいが、そんな感覚の議論をしてもしかたがない。しっかりとした、企業内のルール・制度・業務・システム・データに落とし込み、保守・サービスも入れたライフサイクルで損益を管理できるようにしていく必要がある。

　プロダクトを軸にし、ライフサイクルを通して損益管理する重要性は、どの企業にも当てはまる。今の時代、製品単体で利益を上げることが難しいからだ。多くの企業では、原価計算や実績収集の仕組みが「製品単体」中心にでき上がってしまっている。そこで今後は、複数のバリエーションをまとめた「製品群」で利益管理でき、量産企業であれば「販売ライフサイクル」でのトータルで利益管理ができ、製品に付随する「保守・サービス・オプション」での利益管理ができる必要がある。それは、スローガンや感覚の管理ではなく、明確な数値に基づいた管理を実現させるということである。

　もっとシンプルに考えてもいい。事業の本分は「製品やサービス」だ。お客様のニーズや困り事と「会計期間」は関係ない。だったら、製品やサービスを中心とした「プロダクト損益」が、内部評価としては最も重視されるべきということである。

プロダクトを軸に、明確な"数字"に基づいた損益管理ができていない現状を、経営者に認識してもらうことが大切である。経験上、論理的に説明すれば、多くの経営者はその重要性はすぐに理解してくれるはずである。まずは、経営者に問題を認識してもらうことから始めてもらいたい。

図3 収益の多様化（製品単体利益の限界）

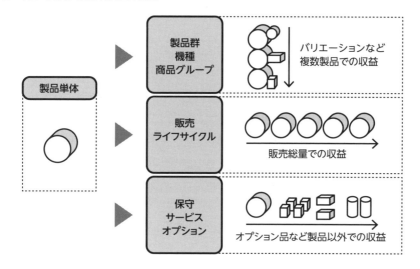

column
僕たちが儲けてやっているんだ！

　期間損益だけでは、組織が歪む例を紹介しよう。少し極端な例だが、実際に起こっていた話である。
　ある企業において、製品本体の設計・製造を行う設備事業部と、アフターサービスを行うサービス事業部が分かれていた。この企業では、保守・サービスで利益の8割を叩き出していた。そんな状況のため、事業部別の期間損益を見ると、設備事業部はほとんど利益を上げず、場合によっ

ては赤字になる期もあった。一方、サービス事業部は利益率も高い状態だった。

　設備事業部の担当者は、「僕たちは赤字事業部だから」「会社に迷惑をかけているし」「頑張らないと」……と肩身の狭い思いをし、サービス事業部の担当者は、「僕たちが会社を支えている」「僕たちが儲けてやっているんだ！」と、逆に胸を張っていたのである。

　これを聞いた筆者は愕然とした。サービス事業部が利益を上げることができているのは、設備事業部が設備そのものをしっかり受注できているからである。こんな無意味で低レベルな意識を植えつけさせてしまったのは、期間損益で社内評価を行おうとしたマネジメントの大罪である。

　しっかりプロダクト損益を可視化することによって、機種Aが儲かれば機種Aに携わった設備事業部の担当もサービス事業部の担当も評価されるべきである。逆に機種Bが利益を出していなければ、両事業部の担当者が叱られるべきである。まずは、この当たり前の評価をできる仕組みを手に入れる必要がある。

　これは、量産系で製造会社と販売会社が分かれているときも同様のことが言える。意図的に販社（非上場のことが多い）に利益を多く計上させるために、あえて工場の仕切り価格を調整していることもある。この場合も、「俺たちのおかげでものが売れて、利益も出ているんだ」と勘違いしている販社側の社員もいるのだ。なんという低レベルな意識だろう。これも、全てプロダクト損益がないマネジメントの大罪である。

「会計 ＝ 細かく管理」という固定概念を捨てる

　プロダクト損益の重要性に触れた。では、製造業においてなぜ今プロダクト損益が重要になっているのか、という疑問が出てくる。詳しくは第3章で触

れるが、結論から言うと「固定費回収」が難しくなっているからだ。

　事業管理として重要なことは、先行投資している固定費を、製品やサービスの販売活動によって的確に回収できているかである。しかし、製品1品1品で固定費を投資回収しているわけではなく、新規開発機種や製品シリーズなど複数の製品にまたがっているはずだ。経営として、どの単位に固定費回収をさせるかを意思決定することがプロダクト損益の第1歩となる。しかし、プロダクト損益には、世の中で決まった明確な基準はない。あくまでも、どのように経営判断をしたいか、事業評価をしたいかの経営者の意思・意図を反映するものである。

　少し別の観点で補足をしよう。期間損益は、製品・部品・工程など、より細かな単位で実際原価を把握し、より詳細に損益管理を行うという方向性で検討を進める。また期間損益の原価計算は、ざっくり表現すると「在庫評価」を中心に考えられている。なので、部品・仕掛品・製品の1個当たりの原価を緻密に計算するために、実績収集の仕組みを構築することになる。

　しかし、製品開発をビジネスという視点で捉えるなら、期間損益は経営の意思を反映し、社員をねぎらい評価するという視点が不足している。あくまでも"詳細な計算"にフォーカスされてしまっている。事業評価を導入するに

図4 期間損益とプロダクト損益の比較

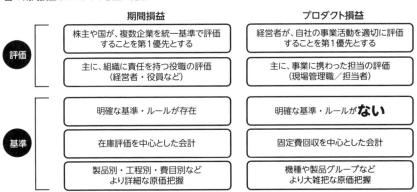

当たっては、「会計 = 細かく管理する」という固定概念を捨てる必要がある

失われた会計の50年を取り戻す

　ここまでで、プロダクト損益の必要性かつ重要性を述べてきた。現時点では、詳細な実現方法がわからなくてもよい。とりあえず「売っているものが製品・サービスなのだから、期間ではなく、その製品・サービス単位の損益が重要だよね。そんなの当たり前だよね」という認識を持ってもらえればよい。
　そうなると、「じゃ、さっさと導入しようじゃないか」となるが、現実はそんなに甘くはない。導入が簡単なことであればすでに導入されている。このご時世、できていないことの多くは難しいから導入できていないのである。なので、こんな当たり前の「プロダクト損益」が導入できていない原因を理解したうえで、活動推進してもらいたい。
　プロダクト損益の導入が難しい原因は主に3つある。
　1つめは「発想の欠如」である。非常にシンプルな理由である。要は、明確にプロダクト損益という枠組みを提示されるまで、その発想がなかったということである。これは手品のタネ明かしと同じで、聞いてしまえば、「そりゃそうだよね」となるが、教えてもらうまでは意外と気づかない。手品もタネを明かされる前は全く気づかない。でも、タネ明かしされると、「そんなシンプルなことか。なんとなく、そうじゃないかと思っていたけど、言われて明確になった」となる。
　ビジネスでもこれと同じことは様々な局面で起こる。プロダクト損益も聞いてしまえば、「それは大事だよね」となるが、聞くまでは、なんとなく意識にあるだけで、明確な課題認識を持っていない類のものである。認知学的にも説明がつく。ものごとは、固有名がついていないものは認知しにくい傾向にある。逆に、名前をつけた瞬間に認知が広がる。"新型うつ病"なども病名がついた途端に症状の認知が広がった。損益を"期間損益とプロダクト損益"の2つに分け、明確に定義して使っている企業は少ない。名前づけすること

第1章 ● 事業を正しく評価する"真の"利益とは

で企業内の認知が広がることになるのだ。

　導入が難しい2つめの原因としては、「ルール遵守が絶対という思想」である。今までの原価や会計というのは、国から与えられたルールを守ることが、あるべき原価やあるべき会計だと思っている。

　期間損益は主として、外部（株主や国）の人が複数企業を統一基準で評価するためにつくった基準である。期間損益は、決算発表などで必須の項目であるが、事業の固有性や製品開発の置かれている厳しさは表現できない。そういう意味では、事業にかかわった社員を適正に評価し、モチベーションを高めるための直接的な数字にはなっていないのだ。無論、決められたルールを守らなくていいと言っているわけではない。しかし、国から与えられたルール"だけ"を守ることが原価や会計のゴールになっている企業があまりにも多いのが実態である。

　また、それら原価や会計のプロである原価管理部/経理部/財務部なども、そもそもプロダクト損益に興味がない。むしろプロダクト損益導入において最大の抵抗勢力になる。ルールを守ることが絶対の部門としては、ルールにないプロダクト損益の必要性など微塵も感じないだろうし、期間損益だけでも大変なのに、そのうえにプロダクト損益など導入してほしくないと思うのだ。本来は、原価や会計のプロが、プロの目線でプロダクト損益の重要性に気づき、導入を声高に叫んでもらいたいのだが、実態は真逆である。なので、このテーマを推進する場合は、経営企画部/事業企画部が中心になって進めることを推奨する。

　導入が難しい3つめの原因としては、「ライフサイクルにおける製品情報の分断」である。プロダクトを軸にした損益なのだから、当たり前だが、プロダクト情報（製品情報）が、ライフサイクルを通して繋がっていないとダメだ。具体的には、図面（CAD[*1]）や部品表（BOM[*2]）のことだ。しかし、設計・製造・サービスにて製品情報が分断してしまっていることが多い。損益管理が重要だと叫んでも、足元のCADやBOMデータが分断していては

*1 CAD=Computer Aided Design
*2 BOM=Bill of materials

話にならない。この製品情報の管理については、次章で詳しく述べたい。

このように、原価や会計は与えられたルールを守ることが全てだと思考停止に陥っていたのである。原価は50年以上も改訂されていない国のルールを守り続けることを第1にしており、自分たちの事業を評価するルールづくりを怠ってきたのである。失われた会計の50年を取り戻すためにも、自分たちに合ったルールや仕組みの議論をしてもらいたい。

品質管理は苦悩し続けた50年だったはずである。QFD[*3]・シックスシグマ[*4]・FMEA[*5]・DRBFM[*6]など様々な取り組みをしてきた。全てうまくいっているとは限らない。失敗した取り組みもあるだろう。しかし、その試行錯誤が大切なのだ。様々な取り組みを通じて、自分たちの事業に即したエッセンスが抽出され管理レベルが上がっていったはずだ。この苦労・苦悩・試行錯誤の50年のおかげで、日本の品質管理は素晴らしいものになっている。しかし、会計はこのような試行錯誤をしていない。この50年を取り戻すためにルールづくりをしてもらいたい。無論、1回ルール化によって怠慢の50年を取り戻すことは決してできない。会計のルールづくりも何度も失敗するだろう。しかし、その過程がない限り、自社の事業や社員を適切に評価する仕組みやデータは手に入らないのだ。

column
50年前の昭和のルールなんて時代錯誤だ！

国から与えられた原価のあるべきルールが、原価計算基準である。これは、昭和37年（1962年）に制定されたもので、そこから50年以上1度も改訂されていない。そんな50年以上前の原価計算基準を守ることが、今のあるべき原価計算になっているのが実態である。昭和37年と言えば新幹線も走っていないし、大卒初任給が約2万円の時代である。そんな時代につくられたルールなんて時代錯誤そのものである。

---

*3 QFD=Quality Function Deployment：品質機能展開
*4 シックスシグマ=統計や定量分析を用いた品質管理手法
*5 FMEA=Failure Mode and Effects Analysis：故障モードと影響解析
*6 DRBFM=Design Review Based on Failure Mode：設計変化点に着目したFMEA手法

本文で前述しているが、そのルールを守らなくていいと言っているわけではない。外部向けの会計（財務会計）では、ルールを守ることが絶対である。外部向けは外部用として最低限の部分で導入すればよい。言葉は悪いが、ハンコをもらえるギリギリのラインでルールを守っておけばいいのである。それ以上のことを行う必要はない。あとは自分たちの内部評価を行うためのルールづくりに労力を費やすべきだろう。

　品質管理でも同じである。外部が評価するISOがある。理想論的には、ISOの内容で内部の品質評価や製造工程の評価が行えたらいいが、そんな企業はどこにもない。ISOはあくまでも外部認証である。ISOが品質そのものを上げてくれることはない。

　だから、品質の外部認証は、認証を取ることを目的とするのが実態である。どこまで守れているかわからないプロセスフローを書いて、ISO監査の際に図書をあとづけ準備している場合もある。それはISOの監査員もわかっている。でも、そうやって外部がチェックすることで、一定程度体系だった品質管理の枠組みができるからである。

　品質管理において、外部評価と内部評価は明確に分けている。会計も同じようにする必要がある。会計の外部認証は認証を取ることだけを目的とすべきであり、内部評価用の会計は別のルールをつくることに意味があり、それがコスト競争力の源泉になるということをしっかり理解してもらいたい。

ERPとPLMの両輪が経営管理の目指すべき姿

　期間損益とプロダクト損益の重要性などに触れてきた。最後にシステム視点でまとめたいと思う。期間損益に該当する仕組みは、会計パッケージの代名詞であるERP（Enterprise Resources Planning）である。販売/生産/

購買管理などと連動し、期間損益（財務会計／管理会計）の管理ができる統合化パッケージである。

　そして、プロダクト損益に該当するのが、PLM（Product Life cycle Management）である。一般的に、PLMパッケージは、部品表データ（BOM）や図面／モデルデータ（CAD）の適切な管理や、部門連携を実現する仕組みで語られることが多いが、筆者は違う。PLMを経営管理の仕組みと位置づけるために、「PLMはプロダクト損益の仕組みである」と言い切っている。最終的には経営管理の仕組みであり、経営者の課題解決のためのツールとすべきなのである。

　ERPとPLMをそのように位置づけると、経営管理の両輪が見えてくる（図5）。図の中央に位置するのが、企業における実績（実力）である。そこには、実績収集の仕組みが存在する。その実績を使って組織力を評価したい場合は、ERPを使用し、期間損益を確認する。効率的な組織運営が図られたのか、予算執行は適切だったか、組織ガバナンスを利かすことができたのかなど、一

図5 PLMとERPによる経営管理力の高度化

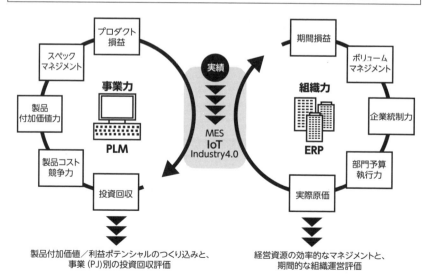

定期間における組織運営を評価することになる。

　一方で、事業力を評価したい場合は、PLMを使用する。プロダクトが適切に利益を生んだのか、固定費回収されたのか、製品競争力/コスト競争力を高めるマネジメントができたのかなど、プロダクトを軸に事業管理を評価することになる。揺るぎない今の実力（実績）を2つの視点で経営していく、このERPとPLMの両輪を回すことが経営管理の目指すべき姿なのである。

1-2
技術と会計の融合が事業を強くする

　プロダクト損益実現のために避けて通れないのが、技術と会計の融合という視点である。プロダクトを軸にした損益管理のため、プロダクト単位の原価や利益管理となる。では、プロダクトのコストはどのように決まるのか。誰もが1度は耳にしたことがあると思うが「設計・開発段階でコストの80％が決まってしまう」というキーワードがある。

　設計・開発段階で、部品や形状などを決める。選定する部品により購入品の価格が決まるし、選ぶ形状によりつくりやすさや加工工数が決まってしまう。コストの80％を決めてしまっているということは、将来の利益のポテンシャルを決めているのと同じである。

　それはコストだけでなく、品質も同じことが言える。選定する部品や形状により、顧客要求を満たしているかの品質も決めてしまっている。設計・開発段階で、将来の顧客評価/市場評価も決めるし、将来の利益のポテンシャルも決めてしまう。設計・開発におけるコスト/品質のコントロールが極めて重要となるのである。しかし、この設計・開発のマネジメントは属人的で、システム化もされておらずExcelなどのツールで運用されていることが多い。こんなことでは事業が強くなる基盤などつくることはできない。

設計と原価はケンカすらしない疎遠状態

　設計・開発段階でのコストコントロールが重要である。これは30年も40年も前から言われ続けているが実現していない。それはそうだ。中心となる設計者はまず"原価が大嫌い"だからだ。なぜなら、「原価を下げろ」としか言われない。そんなことで、「よい製品がつくれるのか」「コンペで勝てるのか」と言いたくなるのが技術者としての感覚である。それはそれで正しい。一方で、原価のプロである経理や原価管理部は、設計に来ない。工場の実際原価は一所懸命計算するし、経営者へ報告する綺麗なグラフは残業をいとわず作成する。しかし設計に対して、部品の原価トレンドを整理し、コストファクターを明確にして、協議しながらコスト設計を推進している企業は見たことがない。

　設計は原価が大嫌いで、原価は設計に来ない。こんなバラバラ状態であれば、「設計・開発段階でコストの80％が決まる」というキーワードが実現でき

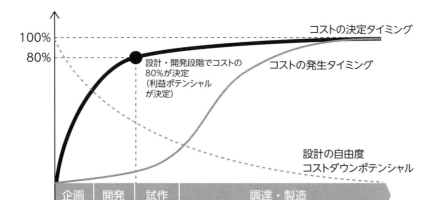

図6 利益ポテンシャルの決定タイミング

設計・開発段階でコストの80％が決定（＝利益ポテンシャルが決定）
そのため、開発上流での情報管理や意思決定が重要となる

ないのは当たり前である。よく、設計と製造は連携がうまくいかないとか、時には仲が悪いなどと表現する。筆者からすると、設計と原価はケンカすらしない疎遠状態である。陰口でもいいので、不満を言い合っているほうがまだ健全である。疎遠状態で無関心が一番の問題だ。こんな状態でコストコントロールができると思っているのだろうか。

設計システムと生産システムの分断、原価データも会計と設計システムではバラバラ状態である。人の意識・業務・システム・データ――何をとっても設計と原価はバラバラである。日本企業は得意な部門連携を様々な視点で行ってきた。しかし、設計と原価の連携はほとんど手つかずの状態である。逆を言うと、不連携な部分にメスを入れれば、大きな改善が期待できるとも言える。昭和・平成と実現できなかった連携を、令和で実現させるべきである。

原価の実力を知らずに開発をする異常行為

設計でコストコントロールを行うには、コストの実力を知ることは最低要件である。しかし、設計者に対して、部品や加工などの原価の実力(実際原価や標準原価など)を開示している企業は少ない。原価の実力がわからない中、開発をしているなんて異常行為そのものである。

設計・製造・調達で原価を共有していないことを異常と思っていない企業も多い。そんなことだから、設計段階でのコストコントロール力がつかないのである。経営者も、足元ではこんな当たり前のデータが共有されていない実情を理解してもらいたい。

こんなふうに言うと、よく調達から「うちは、サプライヤからの見積書はちゃんとPDFで設計へフィードバックしている」とか、「発注実績も半期に1度共有会を開いてフィードバックしている」といった反論が返ってくる。なんと情けない。いつの時代の話をしているのだろう。そんなフィードバックで連携ができていると思っていること自体が問題である。昭和じゃないんだ

から、もっとリアルタイムに、様々な属性情報を含めてシステム連携できる姿を目指す必要がある。

設計・製造連携の本質はどこにあるのか？

　設計・製造連携でよくキーワードに挙がるのが、設計部品表（E-BOM）を製造部品表（M-BOM）に連携するという上流から下流へのデータ連携のテーマである。

　しかし、設計・製造の連携の本質は、そこではない。製造の実力（原価や品質）をいかに設計へフィードバックできるかである。実力は製造（や調達）で生まれるため、下流から上流へのフィードバックプロセスが最も重要となる。そして設計に実力を理解させるのだ。そのためには、製品情報（BOM）が設計と製造で連携できなければならないということになる。

　原価のフィードバックプロセスが確立できると、そこで初めてプロダクトとしてのコスト／利益のPDCAサイクルを回すことができる。仕事のイロハのイとして、PDCAが挙げられる。最近は、OODA[*7]がよいだとか色々あるが、要は考えて実行し、反省し、次に活かすという反省プロセスを否定する人はいないはずだ。

　恐ろしいことに、プロダクトを軸にした損益管理においては、原価企画や予算管理など計画を立てる→実行して実際原価が発生する→はい終了。反省プロセスがないのである。それはフィードバックプロセスがないからだ。こんなイロハのイもない状態でどうやって事業管理ができていると言えるのだろうか。

　実力のフィードバックという視点では、コストだけではない。品質データ（試験データ含む）のフィードバックも必要である。また、工程フローの情報、設備リスト（設備仕様差や設備特徴のリスト）、治工具リスト（対応範囲のMin-Maxのリスト）などの実力のデータもフィードバックさせることを検討してもらいたい。

---

*7 OODA=Observe Orient Decide Act：行動を主体にしたマネジメント手法

図 7 PLM・ERP 連携の本質

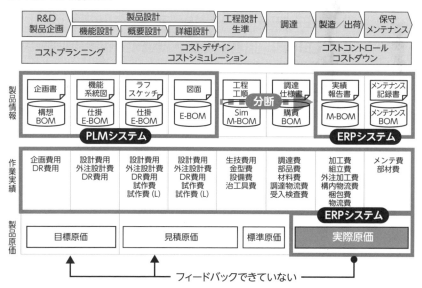

　これは社内の製造だけではなく、加工などの外注先なども含めて、実力データの可視化とフィードバックの検討が必要である。それらの実力データを適切に管理し、設計・製造・調達で共有できる情報基盤が仕事を高度化するのだ。また、それらのデータは、ERPのシステムの中で持つべきか、もしくは別の仕組みで管理すべきか、というのが論点になる。

　現実的な解として、多くのERPパッケージは、どうしても在庫把握・MRP[*8]・生産指示・調達指示・実績収集・実際原価計算など、指示系業務（フロー情報）に主眼が置かれている。品質情報・原価情報はERPからフィードバックさせるしかないが、工程フローや設備リストなどのストック情報はERPでの管理は難しい場合が多い。そのため、それらの情報はPLMで持たせるか、PLMとERPの間をつなぐ中間の仕組みで管理するのが望ましい。近年は、その中間の仕組みをBOP（Bill of Process）と呼ぶ場合もある。

[*8] MRP=Material Requirements Planning：資材所要量計画

図8 設計・製造連携（ERP・PLM）による固定費マネジメント

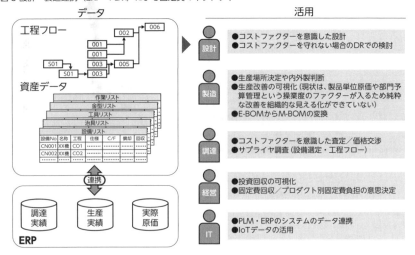

経営者は設計・開発に関心と責任がなさすぎる！

　設計・開発は将来のお客様からの信頼や、将来の利益のポテンシャルを握っている。そうであれば、設計・開発でのマネジメントが事業管理として最も重要視されるべきである。そのうえで、誤解を恐れず表現するなら、「経営者は、設計・開発に関心と責任がなさすぎる！」と言いたい。

　無論、気にしているし、心配事も多いだろう。筆者が"関心と責任"と表現したのは、設計業務改革への投資、情報システムへの投資が少なすぎるということである。前述のように、設計では実績原価を見ることすらできないし、多くの仕事は未だにExcelなどを使っている。設計システムやPLMに対して業務改革を実現するシステム投資がされていないのだ。

　一方、会計システムやERPシステムには多くのシステム投資がされている。筆者はERPとPLM両方のシステム導入経験があるが、ERPには数億・数十億、場合によっては数百億投資する企業も珍しくない。しかしPLMには、CADを除いた設計管理部分においては、億行けば大きな投資であり、数

千万の投資額しか与えられない場合なども多い。PLMとERPでは投資額は1桁も2桁も違う。雲泥の差があるのだ。

そのうえ、システムだけでなく業務においても、属人的なバラバラ設計が横行している。それをルール化したり、標準化したりするための人手も与えられない。設計現場は、限られた人手と少ないシステム投資の中で、頑張って改革を進めているが、改革の元手となるお金が少ないため、改革レベルも自ずと低くなってしまうのだ。こんな状況が続いているため、未だに業務もシステムも、"昭和"そのものなのである。

こんな状態にした責任は、紛れもなく経営者だ。経営者として関心と責任の示し方は、「お金」だ。設計システムやPLMに責任を持って、戦略的に多くの投資をしていく必要がある。次に、その投資がされなかった原因に触れていきたい。

ブラックボックスでマニアックな技術部門は経営者から理解されない

将来の利益を決めてしまう重要な設計・開発の改革が事業変革の要となる。そのためには、経営者と技術部門が互いに理解し、手を取り、互いに責任を持って将来のために改革を実行しなければならない。しかし、戦略的に大きなお金を投資しなかった経営者の責任が大きいと前述した。

無論、技術部門にも責任がある。技術部門も、これまで改革に前向きになってこなかった。仕事はブラックボックス化し、属人的なバラバラ設計をよしとしてきた。属人的バラバラ設計 ＝ 長年の経験を活かした自分流の設計──と都合よく言葉を置き換えて、自分設計を第1とし、できるだけ他人（特に他部門）の介入を嫌ってきたのである。

細かな話になるが、設計は必ず性能チェックのための技術計算ツールを保有している。強度計算・座屈計算・温度計算・振動計算などである。それらが情報システムになっておらず、Excelツールになっていることも多い。そして、そのツールを個人で保有し、個人で効率化のためにExcelをカスタマイ

ズしてしまっているのだ。"技術計算ツールの個人持ち個人カスタマイズ"の問題だ。

よくよく冷静に考えてもらいたい。会社として、組織として品質保証をしなければならないのに、重要な技術計算ツールを個人で保有し、個人で勝手にカスタマイズしてしまっている。これは大問題である。しかし技術者は、自分なりに技術計算ツールを使いこなすことが経験の証だと思っているし、それが自分流の効率的な設計と思い込んでしまっている。普通の感覚が麻痺してしまっている。様々な点においてブラックボックスで閉鎖的な文化を、本人たちは気づかないうちに形成してしまっているのだ。そんな状況のため、技術出身でない経営者・役員たちには、設計を理解できないのである。

属人的なバラバラ設計をやめ、絵と文字から脱却し、設計を情報化し、設計諸元ごとの設計思想の標準化を推進していく必要がある（詳細は第2章を参照）。そうすることで、設計を組織的に見える化できるし、設計者同士の工夫や苦労を共有できるナレッジプラットフォームとなるのだ。第三者から見えるようになると、理解も深まるし、「技術部門は、マニアックで何をやっているかよくわからん」といった指摘は受けにくくなるはずである。

PLMは経営者の自分事になっていない

経営者が設計システムやPLMに対して戦略的に多額の投資をしてこなかったと述べた。逆に言うと、なぜERPは多額の投資がされているのだろうか。それは、ERPは会計の仕組みだからだと言える。決算の早期化、事業部別B/S、P/Lの作成、連結決算など、会計は経営者の課題である。ERPが、経営者自らの問題を解決してくれるなら、そこには大きな投資がされる。当たり前だが、自分事には大きな関心を持つことになる。

しかし、設計システムやPLMは会計の仕組みになっておらず、経営者の自分事と関係しない。だから大きな投資がされないのである。設計システムやPLMは、どうしても取り組みがマニアックになってしまう。経営者からす

ると、CADなら、"製品の図面を描くツール"、"お絵かきツールを便利なものに替えて効率化する"というのはわかりやすい。しかし、部品表を管理するBOM、設計図書を管理するPDM（Product Data Management）とかになると、イメージがわかない。また、近年だと、前述したE-BOMとM-BOM連携などの問題に取り組む企業も多く、その中で、BOPなどの流行りのキーワードも出てきている。

　PLM、PDM、E-BOM、M-BOM、BOPなど3文字英語が多すぎて正直わかりにくいし、経営者からしたら、設計現場のマニアックな取り組みにしか見えない。しかも、モノづくり企業なのに工学系の役員が減少傾向にある。よくわからないことに対して、多額の投資などできるはずもない。設計部門が、「BOP（ボップ）が……」「E-BOMとM-BOMの連携は、変更管理において重要で……」と熱意を持って伝えても、経営者は、「ボップ？」「はぁ？」……「で、人は何人減るの？」と、所詮は人減らしのための改善の取り組みくらいにしか聞こえないのである。

　したがって、設計改革を会計や経営管理と連動させて、いかに経営者の自分事にするかを考えないと、今後も投資がなされず、抜本的な改革が実行できないのだ。改革の内容はもちろん重要だが、それ以上に、実行するための原資となる"お金"がないと、理想的な改革案も絵に描いた餅である。

ITの投資効果を気にしている時点で"失敗"

　では、担当者としてどのように経営者を説得していくべきかに触れる。そこで、プロダクト損益が重要なキーワードとなる。まずは、経営者にプロダクト損益が見えていないこと自体が問題であることを認識してもらう。プロダクト損益の重要性は1-1で述べたので割愛するが、理解した経営者なら、「じゃ、プロダクト損益の見える化をしろ！」となる。そう言ってもらえるまで、必要性を何度も説明する。筆者の経験としては、1度説明しただけで多くの経営者には理解してもらえると思う。問題を顕在的に認識していなくて

も、感覚的に問題だと感じているからだろう。

　次に、プロダクト損益の実現方法が重要となる。実現には図9のように3つのレイヤーでの取り組みが必要となる。プロダクト損益なのだから、プロダクト（製品）を軸として、原価・品質・売上など様々な情報を集約していくが、そのためには、図の一番下のレイヤーとして製品情報（図面やBOM）が設計・製造・サービスとライフサイクルを通して一気通貫に繋がっていなければならない。

　製品情報が分断していたらプロダクト損益が見えないのは当たり前である。しかし、この繋がっているという当たり前が多くの企業でできていない。その分断を解決する方法として、E-BOM/M-BOM連携や、BOPがある。そして、足元の情報がしっかり繋がって土台になることで、2つめのレイヤーとして、原価見積や原価管理ができるようになる。さらにその上のレイヤーで、的確な意思決定やプロダクト損益の見える化ができるのである。

図9 3つのレイヤーでのデータ連携

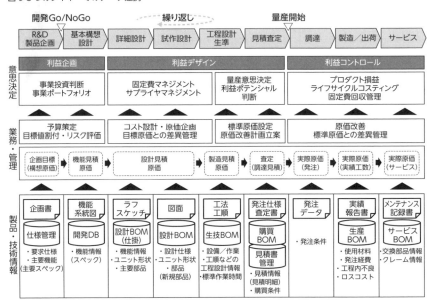

経営者が求めるプロダクト損益を実現させるには、BOMの連携やPDMなどの取り組みが第一歩になるというロジックである。設計システムやPLMを経営者に説明するときは、一番下のレイヤーはマニアックすぎるため理解してもらえない。一番上のレイヤーで会話するのがよい。

　前述したようにERPには多額のシステム投資がされているが、導入決定のきっかけは"投資効果"の判断ではない。決算早期化、事業部別B/S、P/L、連結決算の実現など、経営者として行うべきことができていないことを解決するためだ。無論、多額の投資になるので、最終的には経営会議で決裁を受けるために、投資効果に見合ったツール選定を行い、活動を開始することになる。繰り返しになるが、経営者自らの問題を解決してくれるツールだから導入を決定するのである。投資効果があるから導入を決定するのではない。

　一方で、今の設計システムやPLMは会計と連携させておらず、経営者の問題解決ツールになっていない。だから、投資効果を求められる。効果を算出しようと思ったら、どの業務が何％効率化するかといった仮の数字を用いて計算することになるが、設計業務なんて定型的な業務ではないし、案件の難易度によっても作業効率なんて変わるものだ。削減効果の数字なんて、％の調整でなんとでも効果があるように見せることができる。嘘の数字とは言わないが、かなりタラレバの数字になる。

　そもそも設計業務の改革は人減らし、工数減らしの取り組みにすべきではない。本来行うべき設計検討・検図・コスト検討をより高度的に行うためである。場合によっては工数が増えてでも行うべきことである。無駄な贅肉を減らすダイエットというより、体幹を鍛えるみたいなものである。そんな中、タラレバ数字を説明し、投資効果に納得してもらう"許可"をもらう活動になってしまっているのである。

　経営者としてITの投資効果を求めている限り、それは経営者の自分事になっていない証拠である。プロダクト損益が見えないのは大問題だ、だからプロダクト損益の会計システムを導入しろという"指示"になって、初めて経

営者の自分事になるのだ。"許可"ではなく、"指示"になる活動にする必要がある。設計システムやPLMを、プロダクト損益という会計の取り組みにし、投資効果を求められないように進めてもらいたい。

テクノロジーがプロセス・イノベーションを起こす

色々述べてきたが、ここまでのことをまとめておこう。

事業の中心は製品なのだから、製品（プロダクト）を軸とした損益管理が重要となる。プロダクト損益の見える化/ルール化/システム化ができていない現状に問題があることを経営者に理解してもらい、取り組みを推進する。組織力の期間損益（ERP）と事業力のプロダクト損益（PLM）の両輪を回すことが本来の経営の姿であることを再認識してもらう。

次に、ではどうすればプロダクト損益をよくしていけるのか。そもそも、プロダクト損益は、設計・開発で決まってしまう。そうなると、設計・開発において、しっかりコストと利益をコントロールできるマネジメントができているのかを問うべきとなる。しかし多くの企業では、原価の実力（実際原価や標準原価）をきちんと見ることができないまま、また論理的にシステム的に原価をチェックできないまま設計・開発を進めているという悲惨で異常な状態となっていることに気づかされる。

多くの企業では、設計者が自ら設計した内容に対して、実際（=実力）として、原価がどうなったのか？　品質性能がどうなったのか？　を知ることができない状況にある。これは、設計システムの遅れもあるし、設計と原価の融合が遅れていることも起因している。そのためにも、製品情報はライフサイクルを通して一気通貫に管理されていなければならず、そのうえで、原価や品質の実績（=実力）が設計へフィードバックされる状態をつくり上げることである。

上記のことを行おうとすると、人手でデータを集めてExcelで管理していては到底実現できない。やはりテクノロジーの採用が必要となる。プロセス

のイノベーションを起こすことができるのは、テクノロジーだけになる。テクノロジーを用いれば、3つのレイヤーの有機的な連携も実現できる。足元の製品情報や品質を適切に管理し、「製品付加価値力の向上」を実現し、製品情報が管理されるようになることで、適切に原価管理を行い「製品コスト競争力の向上」を実現し、品質と原価を適切に管理できる力を身につけたことで、「事業管理力／会計力の向上」を実現できることになる。

　今までは、これら全てにバラバラのデータがあり、業務もバラバラであったが、テクノロジーを活用することで融合させることができるのである。繰り返しになるが、このようなシステムは実現が難しいわけではない。本質的な改革のコンセプトと、経営者に関心と責任を持った投資があり、ITベンダーやパッケージの枠にとらわれない強い気持ちがあれば、このご時世、難しい仕組みではないのだ。

図 10 PLM システムによる高度化

図 11 事業力強化の道筋

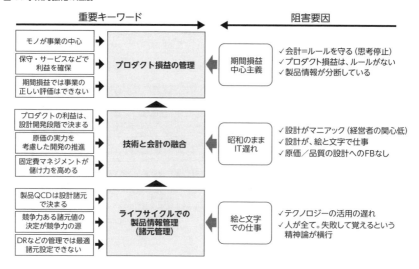

第2章

競争力ある製品を生み出す仕組みづくり
～人間と機械の共存による設計改革～

第1章では、プロダクト損益を中心に、事業を正しく評価するための仕組みや、技術と会計の融合の必要性について述べた。第2章では、その「技術」の部分について触れていきたい。言い換えれば、"競争力ある製品を生み出す設計改革" について触れていきたい（前述の第1章図9の一番下のレイヤー）。

　競争力ある製品を生み出すには設計が要となる。前述したが、設計段階で、コストも品質も多くの部分が決まってしまうからである。事業変革にとって設計改革は避けては通れない活動になる。だから、会社は経営から腐るが、事業は設計から腐っていくのだ。

　しかし、設計はブラックボックス化されていることが多く、改革が他より遅れている部署である。しかも、設計は思考を中心とする作業のため、他人がプロセス分析をすることができない。この点が製造とは大きく異なる。また、多くの設計者が自分の考えを言葉でうまく説明できないという問題もある。「思考を言語化する」ことが、特殊な能力だからである。これらが、設計改革をより難しくしている要因となっている。しかし、その難しい中でも、設計改革は進めなければならないのだ。そこで本章では、3つのキーワードを中心に話を展開していきたい。

1　絵と文字から脱却し、テクノロジーによる改革をする
2　管理強化から脱却し、設計ナレッジに着目した改革をする
3　個人商店化した属人的バラバラ設計から脱却し、全員力の改革をする

2-1
絵と文字から脱却し、テクノロジーによる改革をする

　設計業務が抜本的によくならない諸悪の根源はこれだ。設計は、多くの部分を「絵と文字」で仕事をしている。設計の3大成果物は、図面・計算書・仕様書である。様々な図書（リスト・依頼書・チェック表など）をつくるが、技術要素が記載されている主たる成果物はこの3つだ。図面はCADで作成し、計算書はExcelで作成し、仕様書はWordで作成することが多い。CAD/Excel/Wordは全てデジタルデータであるが、そこに記載されているのは「絵と文字」である。CADは線の情報だし、Wordは文字情報だ。Excelはデジタルデータとして扱うこともできるが、入力ルールがなければ文字と同じである。この「絵と文字」で仕事をしていることが、設計業務そのもののデジタル化を阻害し、根本的な業務改善の邪魔をしているのである。

図1 絵と文字がデジタル化の阻害要因

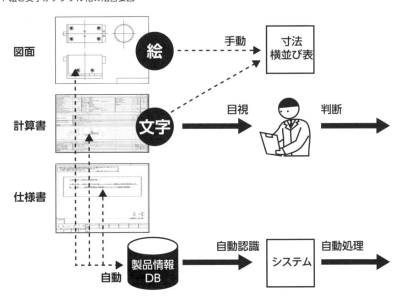

設計は昭和そのもの。デジタル化における周回遅れ

　では、「絵と文字」は何が問題か。絵と文字は、必ず"人が目で見ないと仕事が始まらない"ということである。機械で処理できず、必ず人が必要になってしまう。人は生産性も悪く、ミスも起こす。"人間と機械の共存"を実現できなければ、今後、必ず人がボトルネックとなってしまうのだ。絵と文字は自由度が高く、好き勝手に書くことができるが、それゆえに属人性から脱却できず、設計の生産性は高まらないのである。

　これほど、絵と文字で仕事をしているのは、会社の中でも設計くらいなものだ。他の部署では業務システムが導入され、様々な仕事がデータ化されている。設計は、3DCADやCAEなどを使用しデジタル化が進んでいるように一見思えるが、絵と文字は紙文化を引きずっている。昭和の延長線で仕事をしているのだ。平成も終わった時代に、昭和の仕事をし続けてどうするのだと言いたい。

　設計の情報化の重要性を、設計者自身は理解している。自らの設計の良し悪しを判断するために、過去の設計値（性能値や寸法値など）の横並び表をExcelでつくっている。なぜなら、設計者としては、過去の実績値のMin-Maxを知りたいからである。過去実績のある性能値や寸法値なら、とりあえず購入できるし、製作できると判断できる。逆にMin-Maxを超えるようなら、調整事項も増え設計のハードルが一気に上がるのだ。

　品質保証の観点では絵と文字だけでは判断がつかないため、設計の数値化と、横並び表の重要性をよくわかっているのだ。ただ問題なのは、それらの表を担当者がバラバラに、その都度作成していることである。自分の判断のために自分で表をつくっている。こんな非効率で、組織として経験が積み上がっていかない仕事の仕方が大問題である。やはり、組織として共通の管理表やシステムのデータベースで管理できるようにしなければならないのだ。

図2 設計諸元のデータベース

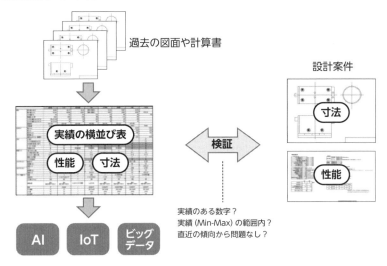

CADは描画ツールではなく、情報化ツールである

　設計を情報化することが重要である。後工程が楽になるのだから、CADで絵を描いたあとに、横並び表を頑張って手入力しよう、データベース（DB）登録しようという運用は、0点である。CADで絵を描いたあとに、設計者がわざわざデータベース入力する運用など続かない。そのうち様々な言いわけをして、入力しなくなる。きっちり、しっかりという観点では、人間は全く信用できないのだ。

　では、どうするのか。今の時代、テクノロジーを使えば、CADで描いた絵から自動的に寸法値などを抽出することができるのである。CADデータをPDMなどのデータ管理システムに登録した際に、システムが寸法を自動抽出し、データベース登録するなど簡易にできる。

　少しシステム的なマニアックな話をしよう（システムに興味がなければ、次項目まで飛ばしてもらっていい）。3DCADだとモデルのフィーチャーに寸

法値を保有しているため、簡易に寸法抽出が可能である。2DCADでも同様のことができる。多くの2DCADにパラメトリック機能がある。外部から寸法値を与えて形状を伸縮させる機能である。その機能を逆に使えば、結果の形状から寸法値を自動的に抽出することもできる。

このようなパラメトリック機能は標準機能として搭載されているが、多くの企業でほとんど使われていない。高いCADライセンス費用には、このパラメトリックの費用も含まれているのに使っていないのである。お金をドブに捨てている。もったいない。ただ、これらのCAD機能も魔法の杖ではない。作成したCAD形状に対して、設計の意図を与えてあげなければならない。

例えば架台の天板のモデルをつくる際、押し出しというフィーチャーがあるが、その押し出しは、天板の幅・奥行き・厚みのどれに該当するかは、システムでは判断がつかない。設計の意図はわからないからだ。なので、この押し出しのフィーチャーは、天板幅（W）のことであるという意図設定（属性設定）は必要になる。それは2Dのパラメトリック機能を使う場合も同じである。意図設定は追加作業となるが、ただ筆者の経験では、設計者はCADに対しての追加作業には抵抗が少ない。ましてや、それらの処理をすることで、寸法横並び表を自動作成したり、意図を持った寸法や平面により3D検図を実現できるなら前向きに取り組んでくれる。

このように、テクノロジーを使い倒すことができていない。そう考えると、CADは形状を表現する描画ツールではなく、情報化ツールとして捉えるべきである。未だに3DCADの導入が進んでいない個別受注企業も、情報化ツールとして捉えることで、3D化を促進させることが可能となる。

形式化している品質チェックを変革する

設計を情報化（DB化）できれば、人間と機械の共存の世界に足を踏み入れることができる。設計内容がDB化されれば、様々なことを機械で処理することができる。そうなると、設計の品質チェックや検図のあり方も変わっ

てくる。

　例えば設計で行うチェックリストを機械処理することができる。設計基準や過去の不具合などから「冷却方式が空冷の場合は、XX寸法は15mmにすること」といったチェックリストが大量に存在する。現状はリストの1行1行、目で追いながら確認し、レ点をつけていく。チェック項目が大量にあるので、上長も内容のチェックはできていない。チェックリストをつくっているかどうかだけのチェックに終わってしまっている。

　品質管理が、内容の1つ1つを確認する実態論から、チェックリストなどの帳票作成有無だけをチェックする形式論になってしまっている。これは大問題だ。しかし、設計がDB化されていれば、前述のような基準化（明確な数値化）されたチェック項目は機械で処理できる。逆に言うと、機械ができるようなチェックをわざわざ人間が行う必要はない。人間はミスも起こすし、二日酔いの日はダラダラするし、生産性も悪く、バラツキも多い。チェック項目が何百、何千あったとしても、機械は1秒で処理してくれる。

　では、チェックに人間が不要かというとNoである。仕上がった図面を見て、「んー。なんかバランスが悪い」とか「計算書上問題ないけど、何か気になる」といった、なんとも言葉で表現できないチェックは、人間にしかできない。そこに人間の優位性がある。

　ベテラン技術者にもなると、「図面の悪い部分が浮かんで見える」「危ないところが光って見える」という人もいる。これこそ人間だからできるチェックである。なので、基準化されたチェック項目は徹底的に機械に任せて、人間はそういったよくわからない、なんとも言えないチェックに注力すべきなのである。人間と機械の共存は、一朝一夕に実現はできないが、少しずつ機械化の範囲を広げていくしかないのである。

設計 × AI

　設計のDB化が進み、人間と機械の共存を模索し始めると、次に設計業務

のAI化という議論にも繋がる。現在、世間ではIoT化やAI化が叫ばれている。製造現場では匠と思われていた検査工程をディープラーニングにて自動検知したり、保守においては設備に搭載したセンサーのデータ解析から故障予知を行ったり、最適在庫数を機械学習で求めたりと、様々な業務でAIやデータ解析の議論がなされている。

では、設計はどうだろうか。ほとんどと言っていいほど議論になっていない。AIの議論から取り残されているのである。設計が絵と文字で仕事をしていることが原因の1つだし、データに基づいた仕事への意識の低さからきていると言える。設計のAI化と言われても、直近の3年5年で考えるとピンとこない人も多いだろうが、今後の20年を考えると、人がボトルネックになるため、必ずAIを導入しておかないと仕事が回らなくなる。そのためにも、最初の一歩を踏み出しておく必要がある。

そこで、設計のDB化やAI化を考える際に、設計思考のプラットフォームとして図3にある4象限で考えるといい。軸の1つめが、設計情報だ。絵や文字の情報（これを非構造データと呼ぶ）なのか、DB化された情報（これを構造データと呼ぶ）なのか。軸の2つめが、処理機能だ。人が処理するのか、機械が処理するのか。

今までは、左上の象限で、人が絵と文字のデータを使って、勘や経験に基づいて設計を行っていた。これだけではダメだ。絵と文字を機械で処理させたり、DBの情報を機械や人に処理させたりするなど、多面的に設計思考のプラットフォームを整備していく必要がある。それらの実現には、日々進化しているテクノロジーの採用が欠かせないのだ。前章でも述べたが、テクノロジーだけが、プロセス・イノベーションを起こすことができるのだ。

図3 設計思考のプラットフォーム

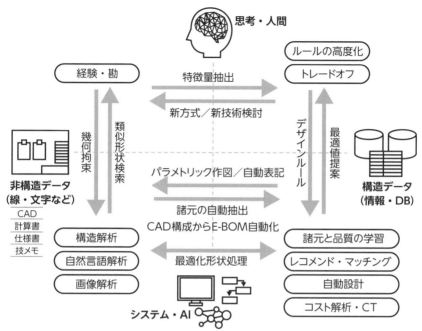

2-2
管理強化から脱却し、設計ナレッジに着目した改革をする

　競争力ある製品を生み出すためには、設計者の思考を高度化したり、失敗や成功の経験値を積み重ねたり、組織的なナレッジを高めるような取り組みをし、設計改革をすることが本質であろう。しかし、思考やナレッジはブラックボックスで、目に見えないため、手をつけにくく、改革をうまく進められない。だから多くの企業では、管理を強化することで、設計をよくしようと考えてしまうのである。

　ISO規定を見直したり、進捗管理をより詳細に実施したり、チェックリス

トや管理帳票を増やし、様々な管理強化の取り組みが行われる。結果、毎年のようにDR[*1]/審査会に提出する資料は増える一方である。本来は、競争力のある部品仕様を悩んだり、図面の線1本1本に議論したり、計算書の数字1つ1つに思考を巡らせながらチェックすることが設計の本分で、そこに時間を費やさなければならない。管理強化で帳票が増え、その作成作業ばかりに時間が取られるあまり、本分である設計は早めに切り上げないと納期に間に合わないという本末転倒の状況が起きている。

　そして設計そのものの時間が削られ、検討不足によって不具合を起こす。またチェックリストや業務依頼書などの管理帳票が増え、さらに設計の検討時間が減っていく。こうした負のスパイラルに入っている企業が実に多い。繰り返しになるが、設計をよくするには、CADの線1本1本、計算書の数字1つ1つと真剣に向き合える時間を取り戻すしかない。決して簡単ではないが、思考プロセスのあり方や検図のあり方など、ナレッジに着目した改革を推進するしかないのである。

正論が設計を弱くする

　組織において、管理強化になってしまうのは自然の流れである。なぜなら、組織は正論に弱いし、正論を言っているほうが楽であり、正義だからだ。あるべきプロセスを議論し、手戻りの少ない最適なプロセスに変革しよう！　と改革を始め、現状プロセスの問題点を整理したとする。すると、「標準がなく、バラバラな業務依頼をやっているから問題だ」「口頭指示しているから記録も残らないし、認識のズレが生じるのだ」などの問題点が出てくる。すると、業務依頼の標準書を作成したり、様々な業務テンプレートを準備して、"しっかり・きっちり"管理していこうとなる。

　「口頭より依頼書つくるべきだよね」「帳票は標準フォーマットをつくったほうがいいよね」「チェックリストを運用すべきだよね」と言われれば、「そうですね」と言わざるをえない。しかし、そんな正論で実際に仕事がうまく回

[*1] DR=Design Review

るのだろうか。どんどん管理強化になり、管理帳票ばかり増えていくのである。問題発生＝チェックリスト増・帳票増、はそろそろやめたほうがいい。

　口頭の何が悪いのか。口頭は最強かつ最速のコミュニケーションツールだ。確かに、口頭は「言った言わない」「そんなつもりではなかった」という問題が生じやすい。だからといって、その解決策がなぜ帳票化なのか。なぜ聞き方改善/話し方改善を強化しないのか。日本企業は、（よい意味での）上下関係や師弟関係が根底にある組織文化だ。裏を返せば会話のコンテキストを共有しやすい関係とも言える。なんでも記録化や帳票化していたら、日本の強みを活かせないではないか。

　誤解を招かないように補足しておくと、無論、トレーサビリティや組織としての品質保証の観点から、記録化や帳票化は必要である。ただ、問題があればすぐに管理表・業務依頼書・チェックリストに走ってしまう管理強化に対して、問題意識を持ってもらいたい。

無責任な第三者ほど、量に頼った品質管理を推奨する

　このような管理強化に陥るのは、設計の中身がわからない第三者がプロセス整備にかかわったときだ。クレーム覚悟で本音を書くと、改革推進する設計管理部・品質の番人である品質保証部・筆者のようなコンサルタント。これらは悪の3者だ。この悪の3者が絡んできたら危険信号である。

　設計の中身がわからないと、どうしても品質を実態論から形式論で考えてしまう。要は、質より量で品質を測ろうしてしまうのである。前述した通り、様々な管理表やチェックリストを提出させたほうが品質管理を行っている「感」が出る。A4サイズ1枚の不具合再発防止チェックリストよりも、A4サイズ20枚のほうが、しっかり品質チェックできていると見えてしまう。本当はそこに書かれている1行1行の質が大切だし、担当者がその1行1行を理解しているかが重要にもかかわらず、帳票の多さ、チェックリストの多さで品質を測ろうとしてしまうのだ。

悪の3者はそもそも、「きっちり・しっかり・マメに」に対して抵抗が少ない。特に筆者のようなコンサルタントなんて最悪な存在である。そして、多くの人はきっちり・しっかり・マメな記録が大切と思っていても、なかなかできない。それができるなら、"三日坊主"という言葉は存在しないだろう。頭でわかっていてもできないのが人間である。だから、前述のように、しっかり・きっちりは、機械に任せるべきなのである。チェックの自動化や、リストの自動作成などを実現させることが重要となる。

　また、悪の3者がプロセス改善と銘打って、管理帳票を増やしたとしても、悪の3者は全く痛くも痒くもない。なぜなら、その帳票を自分でつくらないからだ。指示だけして、つくる苦労をしない無責任な立場であるがゆえに、質の理解を避け、量に逃げ込んでしまう。プロセス改革やDR規定見直しなど行うたびに帳票が増え、現場の力を削ぎ落とす「改悪」の取り組みになるのである。「1回でいいから、自分でつくってみい！」という設計者の心の声は、しっかり受け止めるべきである。

　最後に少し補足しておきたい。管理帳票などを否定したが、設計現場に品質チェックの自由裁量権を与えればいいわけではない。80年代のように、設計現場が絶対的な権力を握り、設計部長に裁量権がありすぎる状態もよくない。会社として品質保証しなければならないので、第三者の目が入ることも避けて通れない。だからこそ、無責任な第三者は、量で品質を測ろうとせず、質を高めるベクトルを意識すべきである。「自由度と統制のバランス」という答えのない問いについて、当事者ではない第三者こそが悩み続けなければならないのだ。

設計の本質は図面でもBOMでもない。設計諸元だ

　では、設計の質を高めるために必要な情報管理は何か。図4のように設計思考を5つの要素に分けて考えるのがよい。

図4 設計の構造

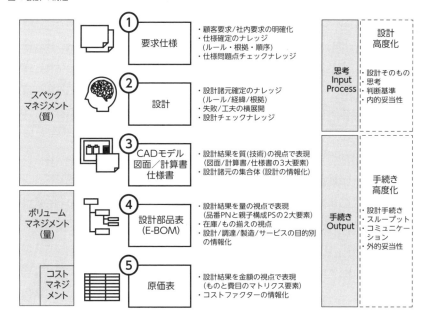

　まずは、「①要求仕様」である。設計は必ず要求仕様がないと始まらない。各種設計のゴールとなるからだ。顧客要求を漏れなく認識・定義することが重要となる。

　次に「②設計」である。ここでいう設計とは、設計パラメータを決める行為となる。設計論には色々あると思うが、筆者は設計の本質は設計パラメータ（設計諸元）の決定であると思っている。競争力の源泉は、要求に適した最適な設計諸元を選定できるかで決まる。この設計諸元の決定方法が、設計ナレッジそのものである。設計は"図面"への意識が強いが、製品のQCD[*2]は全て設計諸元が支配している。要求に対して、樹脂部品の肉厚を0.5mm間違えるだけでトラブルになるし、架構の板厚を安心安全を考えて2mm厚くしてしまったらコストが高くなる。0.5mmとか2mmとか数ミリの世界で、トラブルに繋がったり、価格が高くなって買ってもらえなくなる。そんな厳しい

[*2] QCD＝品質（Quality）、コスト（Cost）、納期（Delivery）の頭文字をとったもの

世界の中で最適な性能値や寸法値を選定できるかが競争力の源泉となっている。

次に、「③図面」である。イメージとしては、②設計で選定した設計諸元値があって、それらを絵にする行為（作図）が図面化となる。なので、図面は設計諸元の集合体でしかないため、あくまでも設計結果なのである。これは、出図前の仕掛段階であったとしても、思考過程においては結果でしかないのだ。

この①要求仕様〜③図面までが、技術的要素を決めているため、スペックマネジメントの世界と呼んでいる。設計は本来、このスペックマネジメントの世界だけで仕事ができるのが望ましい。なので、次に説明する「④設計部品表（E-BOM）」「⑤原価表」はなくてもいい存在だし、邪魔な存在なのである。なぜなら、30〜40年前は、設計者は図面だけをしっかり仕上げておけば、適切にものを買って、ものをつくってくれていたからだ。そしてE-BOMがなくても、モノづくりはできていたという前提に立つと、E-BOMは何のために必要なのかが見えてくる。世の中BOM、BOMと言われているから、BOM導入の流れに流されてはいけない。

部品表（BOM）は、コミュニケーション改善に用いるもの

では、「④設計部品表」は、なぜ必要なのか。結論から言うと、設計とその後工程とのコミュニケーション改善（手続き改善）のために必要である。設計の後工程である調達／製造は、「量」で仕事をする。どの部品を何個買うのか。どの部品を何個つくるのか。原則、品番と量で仕事が成り立っている。しかし、図面は質（スペック）の表現体系なので、図面のままだと後工程は仕事がしにくい。だから、設計の結果を、量で表現し直すことで、後工程とのコミュニケーションを円滑に進めることができるのである。これは、言い換えれば、設計のスループットを向上させる効果も期待できる。

ただし、逆を言うと、調達や製造の仕事に「量」の要素が多くなければ、

E-BOMはそこまで有効でない。だから、E-BOMが量産系企業には適しているが、個別受注企業にとっては効果を見極めながら導入しなければならない。個別受注で特に1品製作の企業であれば、E-BOMはより設計諸元を製造連携するほうが有効になる。「今回の部品は、幅が300mm超えているから汎用機では加工できないな」とか、「今回の案件の軸段差は50mmか、これは社内で加工できないな。製作外注しなければ……」などを、図面の中の設計諸元を読み解いて工程判断していることになる。無論、図面連携は必要なので、それに加えて、設計諸元連携も重要な要素となるのである。

　また、「⑤原価表」も同様だ。設計諸元と部品表が決まれば本来は自動的に決まるべき内容である。どの設計諸元がコストに影響しているか（コストファクター）の見える化が原価の自動算出に繋がる。設計諸元と原価の関係性を統計的に紐解く方法については、次章で触れたい。部品表や原価は量の仕事に有効であり、質で動く部分は設計諸元／図面を連携する仕組みを模索してもらいたい。

「発生源入力」という情報管理の大原則

　調達や製造が量で動くため、BOM活用が欠かせないのはわかっても、1つ疑問が残る。なぜ、設計でBOMを入力しなければいけないのか。調達や製造がBOMにメリットを感じるなら、調達や製造で入力すべきではないか。設計は、量で仕事はしない。大切なことは、顧客要求を満たすスペックをマネジメントすることである。だから、設計は図面だけ書いて仕事を終わらせるのが理想だ。しかし、そうはいかない。やはり、設計でBOM登録が必要になるのだ。

　なぜか。それは"発生源入力"という情報管理の大原則があるからだ。部品は設計で決めている。それなら、決めている人が情報入力するのが、企業にとって一番コストがかからず、ミスも少ないのだ。決めている人がその場で入力する。これが発生源入力の考え方である。だから、「BOMは設計者に

図5 設計情報の連携

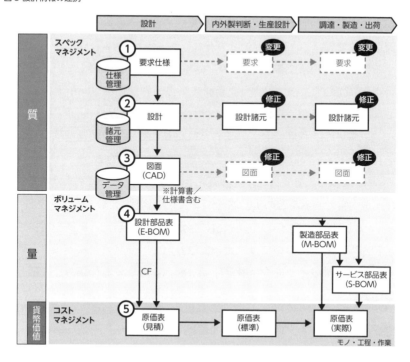

とって意味がないと感じたとしても、後工程のために、納得できないが、いやいや入力する」ことが必要であり、それがコミュニケーションの改善に繋がるからだ。

　設計者のことを考えると、BOMはできるだけ自動で生成する仕組みを考えてあげなければならない。そのために、様々なテクノロジーを利用して、CADデータから自動的にBOMを生成させるような検討が必要である。CADは描画ツールではなく、情報化ツールであると前述したが、まさしくBOMの自動生成などは情報化した際の最大のメリットとなるだろう。

　3DCADは、CAD-BOMと言われる構成を持っているので、そこからBOMを自動生成する。また、2DCADでも、図面の表題欄と部品欄からBOMを自

動生成するなどを検討してもらいたい。近年のテクノロジーだと、CADからBOM生成は比較的簡易に実現できる。そう考えると、スペックマネジメントである①要求仕様、②設計、③図面だけを行えば、ボリュームマネジメントの世界の④設計部品表、⑤原価表の自動化を実現できるのだ。もっと欲を言えば、設計の本質は①要求仕様、②設計なので、①、②だけを行えば、③図面も自動で作成され、④、⑤も続いて自動化することも狙えるのだ。全ての製品や部品で自動化を実現するのは難しいが、新しい時代に合った設計システムを考えるうえでは検討していく姿の1つである。

column
意味のない地獄から、意味のある地獄へ

　設計開発部門は多忙に多忙を重ね、地獄のような日々を送っている。個別受注企業ともなれば、顧客の新規引き合いの営業同行、納入・据え付け・試運転などの立ち会い、アフターサービス部門のフォローなど、単に設計だけ行っていればよいわけでもない。その中で効率化を進め、残業を減らし、社員を守るために業務改革やシステム刷新などの働き方改革が急務になる。無論、これらのことが大事なことは言うまでもないが、設計部門にとって、効率化して社員が楽することを目標にしていいのだろうか。

　筆者は改革する際に、設計部門だけであるが、「この取り組みで残業を減らしましょう。効率化して地獄の仕事から脱却しましょう」とは決して言わない。「今は"意味のない仕事"で地獄を見ている。だから改革して、"意味のある仕事"で地獄を見ましょう」と言っている。なぜなら、将来の顧客の信頼、将来の企業の利益を担っている部署だからだ。

　その分、強いプレッシャーもある。逆にプレッシャーを感じてもらわないとダメだ。そもそも、技術者は知的欲求が高い人が集まっている。新しく得られる経験や知識を本能的に求めるし、思考的ストレスへの耐性も高

い。だからこそ、設計行為と関係のない無意味な作業には、思考的ストレスではなく、身体的ストレスだけを強く感じてしまう。こんなことからは早く解放し、将来の顧客の信頼と利益を担っている強いプレッシャーと、思考的ストレスの場に身を置くようにしなければならない。こんなことを言うと、ブラック企業の思考そのものだとか、昭和の根性論を引きずった時代遅れの思考だとか、やりがい搾取の思考だと、クレームがくるだろうが、あえて言いたい。

　今は、大量のリストをつくったり、BOM登録に時間を取られたり、納期管理や日報などの記録ばかりに時間を取られている。前述した量による品質管理も横行しているので、DRや審査会に提出する成果物も毎年増え続けている。トラブルが起きるたびに、チェックリストや依頼書など様々な提出図書が増え続けている。BOM・日報・管理帳票など何百枚つくろうがいい製品は生まれない。いい製品を生むには、CADの線1本1本にどれだけ向き合うか、計算書の数字1つ1つにどれだけ向き合うか、である。

　線や数字などの細部に品質は宿っている。また、それらの品質を高める"検図"のあり方も十分ではない。無意味な大量図書やリストのチェックも増えるため、技術の3大要素である図面・計算書・仕様書のチェックが不十分に思える。無論、設計者たちは、限りある時間の中で一所懸命やっているという自負はあるだろうが、本来はもっと行うべきである。また、近年、サービス・保守で儲けている企業が増えている。そうなると、もっとオプション設計の時間を増やしたり、保守性の高い製品改良のためにサービス部門とデータ共有し、協議の時間を増やさなければならない。もっともっと意味のある地獄の世界を生き抜き、その中で設計力・開発力を身につけたうえで、効率化と残業削減を狙っていくべきである。

2-3
個人商店化した属人的バラバラ設計から脱却し、全員力の改革をする

　最後にもう少しだけマニアックな話を続ける。世の中では、設計のナレッジ化とか技術伝承の必要性が以前から叫ばれている。そのナレッジの部分について触れたい。前項で、設計の強さの源泉は設計諸元の選び方にあると述べた。諸元値をより最適に選定できることが、設計ナレッジそのものなのだ。しかし、現在の設計は、個人商店化してしまい、属人的なバラバラ設計になっている。そのため、組織的に経験を積み上げることができていない。連携を活かした「全員力」を取り戻す必要があるのだ。

失敗の横展開はあっても、成功の横展開がない

　ナレッジについて考える際に、「分業化」の弊害を忘れてはならない。現在、多くの企業で設計効率を高めるために設計分業を進めている。構想設計者と詳細設計者。見積設計者と受注設計者。エレ・メカ・ソフト。様々な分業を行っている。分業化は、組織マネジメントにおいては、効率化の手法である。同じような仕事を集めて繰り返し性を高めると、習熟度も高まり、不具合再発防止にも繋がる。分業化は効率性はいいが、ナレッジという観点では分散化という弊害が出てしまう。要は「僕は、XX設計しか知りません」という状態になるのである。そのため、現在のベテラン技術者は「なんでも知っているスーパーマン」だが、分業化で育った技術者からは、スーパーマンは育たないだろう。

　図6（次ページ）のように、今までのベテランは様々なことを経験し、ピラミッド型に経験を積み上げてきた。しかし、分業化が浸透した今の時代には、ネットワーク型で経験を共有するという形を実現しなければならない。経験の共有のために、朝会や勉強会といったアナログな仕組みではなく、テ

図6 ナレッジの形態変化

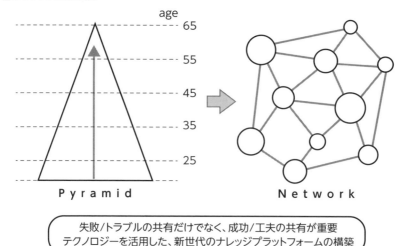

失敗/トラブルの共有だけでなく、成功/工夫の共有が重要
テクノロジーを活用した、新世代のナレッジプラットフォームの構築

クノロジーの活用が不可欠だ。特に重要となるのが、「成功」の共有・横展開だ。

　不具合情報などの失敗した内容は、現在でも不具合再発防止チェックリストなど作成し、横展開されるはずだ。しかし、工夫し、頑張って調整した内容などを横展開する仕組みがない。確かに、失敗の横展開は大切だが、「あれはダメ。これはダメ」と、ダメダメばかりを横展開されたら、どんどん思考が狭まっていく。「こうしたらうまくいった。製造はこんなことまでできるようになっている」など、自分のかかわっていない案件の工夫を知ることが、思考を広げてくれるのである。そのためにも、案件での諸元の選定方法や、工夫などのナレッジを見える化し、横展開できる状態にしなければならない。

文書形式の設計手順書は、頑張ってつくっても活用されない

　では、設計ナレッジを可視化し、共有していくことについて触れていきたい。設計ナレッジや技術伝承と聞いて、どのような活動イメージを思い浮か

べるだろうか。ベテラン技術者を巻き込み、ヒアリングしながら、Wordの文書形式で、図解を交えながら、設計手順として記述していく。製本して設計者に1人1冊配布し、ベテランによる勉強会を数回実施する。このようなことをイメージするだろう。その活動だと、100点満点の10点だ。

想像してもらいたい。製本された設計手順書を手に取り、ベテランによる勉強会に数度参加する。ベテランの知識の深さと培ってきた経験に圧倒される。やはりあの人はすごいな、と。いずれあの人のようになりたいと、自分の未来を重ね合わせるだろう。そして自席に戻り、手渡された設計手順書はキャビネットの中にしまう。さて、そのキャビネットはいつ開かれるだろう。自分の設計を行う際に、その設計手順書を見ながら設計を行うだろうか。行わない。なぜなら、"読み物は、読み物でしかない"からである。

使わなくても設計はできる。ましてや、設計手順書の1つ1つを確認しながら設計をする時間的余裕はない。残業削減と、設計手順を読みながら設計することは相いれないからだ。ナレッジは洗い出しだけでは効果は出ない。次の図面に反映されて初めて効果が出る。確かに、活用されなかったとしても、何もないより設計手順書はあったほうがましだ。しかし、取り組む以上、活用される形を意識しなければならない。そのためにも、テクノロジーを用いて、設計の自動化に一歩でも近づけるべきである。

図7 ナレッジの形式

	文書形式	データベース形式
特徴	・仕事の順序に即している ・読み物で初級向け ・図解があり理解しやすい	・論理的に構成している ・よりよい設計案のため中級者向き ・要素が分かれている
作成	○作成しやすい ○個々の思いのまま作成できるので分担しやすい	×作成に手間がかかる ×型が決められており慣れるのに時間がかかる
活用	×読み物なので実案件で読まなくなる ×活用には人手を介すため工数とのトレードオフ	○要素が分かれているため活用しやすい ○デザインツール化し設計パラメーター提案可
改訂	×体裁が整っているものに手を加えにくい ×作成者以外が手を加えにくい	○要素が分かれているため改訂しやすい ○設計担当に更新させず技術管理部が実施する
運用	補助部品など対象に作成 「新人でもわかるように」は言わない。「良い設計を行うため」を目的 ・5～10年目を想定し、体裁は気にしない ・思考の言語化に慣れることが重要 ・設計の"手順"は書かない(順序は難易度高)	機能部品など対象に作成 ツール化・自動化に発展する形で作成する。検討シナリオ数を増やし効率化と高度化の両立を目的 ・実績整理を通じ、設計パラメータのDB化 ・経緯と根拠の可視化を重要視する

設計ナレッジとは、思考を論理的に言語化することだ

　設計ナレッジをテクノロジーにのせて活用するために何が必要か。そもそも設計情報は、論理構成・E-BOM・図面・設計諸元と階層的な情報となる。そのうち設計諸元の選定がナレッジとなるため、その部分の思考を論理的に言語化し、数値化し、情報として管理できれば、テクノロジーの活用ができるようになる。

　ただ、この思考を論理的に言語化するというのが難しい。頭の中で展開されていることを体系的に記述していくため、特殊能力が必要となる。なので、ベテラン技術者に経験を書き起こしてくださいと依頼しても、なかなか進まないのは当然のことである。周りが、「今までのことを思い返して書き出すだけなんだから、ベテラン技術者ならできるだろう」と簡単に思っていてはダメだ。筆が進まないベテラン技術者が非協力的なわけではない。単に言語化するスキルがないだけなのである。

　特に、思考を「条件」と「判断基準」に分けて、論理的に記述していくことが難しい。平たく言うと、思考をExcel関数のif文・VLOOKUP文で記述していくような感じである。技術者の思考の多くは、Excel関数で記述できるのだ。なぜなら、設計者は性能保証のためにロジカルに判断をしていくからだ。ロジカルということは、必ずExcelの関数で表現できるということになる。Excelでの運用は限界があるため、活用が広まってきたらテクノロジーを活用し、ルールベースエンジンを採用する。そうすることで、人間と機械の共存の世界を実現できるのである。

ナレッジによって、2つの過剰を取り除く

　設計ナレッジとして、設計諸元の選び方の「条件」と「判断基準」が見える化できれば、設計の中にはびこる2つの過剰を取り除くマネジメントができる。1つは「積極的な過剰」である。少し前に、日本企業を揶揄する際に

図8 論理構成と設計諸元

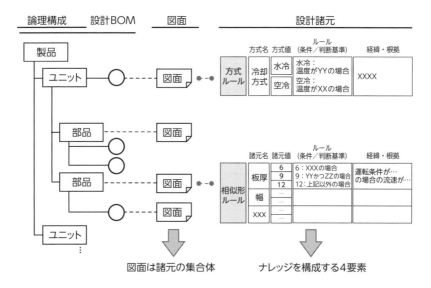

言われていた「技術主導で必要以上に無駄な機能を入れたがる」「技術へのこだわりが強すぎて、顧客の求めていないことを入れ込みすぎる」といった、良かれと思って生じる過剰だ。

　この過剰はまだ救いようがある。技術者としてプライドやこだわり、それを実現するための努力が伴っているからだ。無論、この積極的な過剰も取り除かなければならない。経済性を考慮し、顧客の求める機能や性能に絞っていかないと生き残れないからである。

　もう1つの過剰が「消極的な過剰」だ。保身的な過剰と言い換えてもいい。近年、この保身的な過剰が増えており、これが競争力を奪っている。保身的な過剰とは、以下のようなことである。

　最近の設計者は、製品品質の理解が弱まってきている。そうなると、積極的に、より軽く小さくするために寸法を限界まで小さくしたり、オプションを削除するなどの変更ができなくなる。オプションを外してトラブルのリス

クがあるならつけておこう。板厚を薄くして強度が足りなくなるリスクがあるなら、厚めにしておこう。このようにトラブルを過度に恐れて、保身的に現状維持の設計を行ってしまうのだ。

　そうすると、要求が大きくなった際には寸法値も大きく、オプションもつけるなど高い図面に変更され、要求が減った際には保身で維持される。無論、小さい側、安い側に変更されることもあるが、割合的には少ない傾向になる。そして長い時間かけて、増加→維持→増加→維持を繰り返し、図面が高いほうにしか変更されにくいという構造になってしまう。これが保身的な過剰がまねく競争力を奪う構造的な欠陥である。

図9 競争力を奪う保身的過剰設計

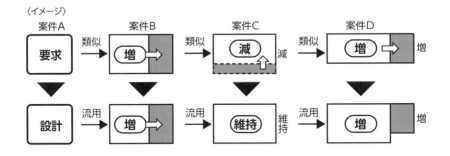

設計ナレッジで、最も重要なのは「経緯・根拠」である

　設計ナレッジの可視化という点で、思考の言語化についてもう少し深掘り

したい。設計ナレッジは、図10（次ページ）にある4つの要素から成り立っている。4つの要素の洗い出しや整理方法は詳細になりすぎるので、拙書『プロフィタブル・デザイン iPhoneがもうかる本当の理由』（日経BP社 2015年）を参考にしてもらいたい。そのうえで、重要な点だけ補足しておく。

1つめに、そもそも設計として決めるべき「①諸元項目」を知っていること。例えば架台の天板を考える際に、板厚・幅・角R……と決めるべき項目を理解していること。流用設計を続けていると、普段変更しない形状に注意がいかない。端部についている段差がなんのために存在するのか。設計要件で存在しているのか。はたまた製造要件で存在しているのか。流用設計だと、これらを知らなくても設計が完了できてしまう。しかし、これでは設計を理解したことにならない。自分の図面は、いくら流用元から変更していなくても、設計として決めるべき項目に対しては責任が発生する。なので、そもそも設計として責任を持って確定している諸元項目がなんなのか、それに的確に名前をつけ、その形状が存在する意味・目的を知っていることが、ナレッジの始まりとなる。

2つめとして、「②諸元値」である。その諸元値の過去実績（特に、Min-Max）を知っていることが重要となる。Min-Maxを超える寸法を採用する場合は、注意が必要となるからだ。実績値を知っているだけでも、非常に大きなナレッジである。先程の例で言うと、天板の板厚を検討する際に、過去実績として「6mm、9mm、12mm。XXの場合は特殊だが15mmも使ったことがある」などを知っていることである。

3つめとして、「③ルール」である。これは前述した、条件と判断基準に分解される。天板の板厚なら、6mm-15mmの実績をどのような基準で選定するかである。どんな場合に6mmを選定するか、9mmを選定するかである。強度計算書などのツールを用いて、運転条件ごとの安全係数を用いてどのように諸元値を確定させるかである。イメージとしては、この条件と判断基準が、Excelの関数に置き換わり、諸元値選定を自動化し、設計を効率化させるの

である。

　最後の4つめとして、「④経緯・根拠」である。この「経緯・根拠」が最も重要な要素なのである。図面には、検討結果の寸法値だけが記録されている。その寸法値も大切だが、その寸法値にした経緯と根拠のほうがもっと大切なのだ。流用元図のクリアランスは350mmだったが、そこから300mmに変更したきっかけはなんなのか。設計要件で変えたのか？　製造要件で変えたのか？　どのような検討をして300mmに決まったのか？　本来は280mmが理想だったが、納期の関係上妥協して300mmにしたのかもしれない。これらの経緯を知っていることが、設計のナレッジを最も知っている状態と言えるのである。

　このようにナレッジを4つに要素分解ができると、今までスローガン化していたナレッジ化・技術伝承の取り組みが、具体的な活動に落とし込みが可能となるのだ。

図10 ナレッジの4要素

メールに埋もれた「経緯・根拠」が設計をダメにする

　前述の「④経緯・根拠」が設計ナレッジとして重要なのだが、多くの企業では経緯と根拠は残っていない。例えばDRや審査会で、このクリアランスは製造と調整した結果で決定するといった課題になった場合、そのような調整はメールや掲示板など、図面管理システムとは別で行われることが多い。この「メール」というのが、最悪な存在である。

　他人の図面を参照しても経緯や根拠が残っていないと設計思想がわからず、担当者に聞きに行くしかない。聞かれた担当者はメールを見返し、過去を思い出す。そして次の担当者にそのメールを転送する。こんなやりとりが何度も行われている。結局、メールというのは個人のものだし、図面データに紐付いていないと、重要な経緯や根拠が埋もれた状態になってしまうのだ。

　べき論から言うと、それらの調整事項は技術検討メモに残しておくべきだが、別途の図書をつくる時間もないし、働き方改革でそんな余裕もない。そうであればメールをやめ、日常のコミュニケーション方法を変えることで自然と経緯や根拠が蓄積されている形を実現しなければならない。

　なので、設計ナレッジや図面管理においては、「コンテンツとコミュニケーションの融合」という観点で、設計インフラの再構築が必要だ。これは、近年のPDMや図面管理システムのパッケージには必ず備わっているコミュニケーション機能を一部改良して用いればよい。テクノロジーとしては枯れた技術だ。ただ、大事なことは、「脱メール」「図面に紐付いたコミュニケーション」というコンセプトが重要である。単に社内SNSのようなコミュニケーションツールではなく、必ず図面（もしくは、技術図書）1枚1枚に対してコミュニケーションを取ることである。

　今までのメールなら、複数の図書に対して一括でコミュニケーションが取れていたので、1枚1枚に対しては不便と感じることもあるだろうが、結局図面1枚1枚の修正をしなければならないので、何を変えるかを明確にするため

にも重要なコミュニケーションの取り方だ。これは、社外とのコミュニケーションも同じである。購入品でサプライヤと仕様調整、サプライヤ図や参考資料の入手などもある。外注設計に対して、作図依頼やその後のQA対応もあるだろう。製作外注で、交差指示や検査寸法についてQAなどもある。プラントなどになると顧客に対して図面承諾してもらうためのやりとりもあるだろう。これらも、クラウド環境を用いれば簡易に実現できる。

　ここ数年のクラウドは、セキュリティレベルも非常に高まっている。優秀な技術者の叡智が集結しているため、なまじ自社で構築するよりセキュリティは安心である。また、クラウドサーバも国内に置かれていることも多く、該非判定の問題も回避できる。経緯と根拠を残すために、コミュニケーションのあり方をぜひ再考してもらいたい。

図11 図面管理の本質は、経緯・根拠・設計思想の見える化

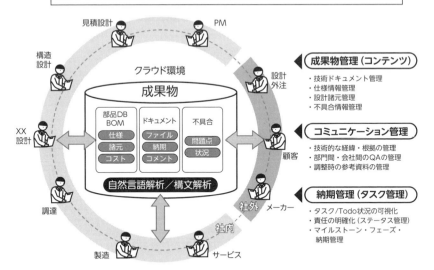

column
「技術は、失敗して覚えろ！」は正しいのか？

　ナレッジの見える化や、技術伝承は10年前から強く叫ばれているが、進んでいない。「技術は、失敗して覚えるんだ」「設計マニュアルなどつくったら、考えないバカな設計者が生まれるだけだ」——ベテラン技術者がこのような意識でいると、ナレッジは洗い出せない。では、「失敗して覚えろ！」は正しいのだろうか。

　筆者は正しいと思う。よく、技術伝承を推進する人は、この「失敗して覚えろ！」というベテランの思考を否定しがちだが、それは違う。失敗からは多くのことを学べる。しかし、今の時代、誰かが経験してうまくいっている部分で失敗している余裕がなくなった。組織として経験していない領域において、チャレンジ→失敗→成長を行っていくしかないのだ。

　今まで経験していないというのは、何もイノベーティブなことでなくてもよい。架台の板厚について、過去実績Min-Maxを超える寸法値の採用も、立派な未経験領域だ。今まで経験していない海上輸送から空輸に切り替えることでのサポート形状の見直しも、立派な未経験領域だ。未経験とはイノベーティブなことから、板厚変更まで大小様々存在する。初級技術者からベテラン技術者まで、どこかの未経験領域で失敗すればよいのである。そうやって積極的に失敗し、それを評価できる仕組みをつくらなければならない。そうなると、何が新しい寸法なのか、絵の状態では判断できない。寸法値も性能値も様々な設計情報をデータベース管理されれば、それらの未経験領域を判断できるようになる。

　では、「マニュアルはバカな設計者を生む」というのも正しいのだろうか。これも、筆者は正しいと思う。マニュアルがあると、悩まないので成長がない。だからバカになるのである。しかし、それはマニュアルの運用の仕方でカバーできる。「設計マニュアルを守れ！」と、守る運用をしてい

るとダメだ。マニュアルは変えていかなければ競争力に繋がらないからだ。

　案件ごとに最低でも1つはマニュアルの改定点を出させることが望ましい。100点の設計マニュアルなど存在しない。必ず洗い出し漏れもあるだろうし、その案件で悩んだこともあるだろう。だから最低でも1つは改定させるべきである。そうなると、単にマニュアルに従って作業する設計者にはならず、必ず考える要素が必要となり、それが成長に繋がるのだ。

　成長のためには、努力も苦労も失敗も必要だ。働き方改革が叫ばれているのでなかなか発言しにくい時代になったが、やはり頑張りや思考的ストレスが将来の糧になるという、根性論はある部分では否定できない。ただ、ウサギ跳びしろとか、水を飲んだら努力まで洗い流される的な、非科学的な昭和な根性論は捨てなければならない。合理的・科学的に思考し、行動する中での根性論は必要である。

　また、残業などの時間的ストレスではなく、いかに濃密に悩むかの思考的ストレスで成長させなければならない。そのためにも、設計をデータベース化し、無駄な帳票作成やチェックなどは機械に任せて、人間は新しい部分で悩み・失敗するような設計のあり方の模索が必要となる。

図12 失敗して強くなる領域とは

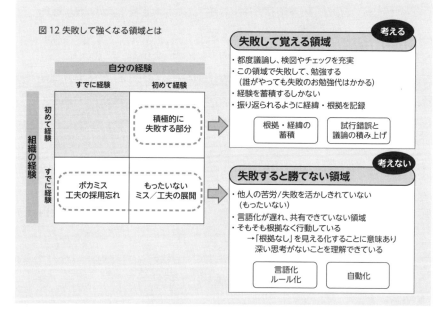

設計諸元とBOMが、高度な製品情報管理と連携を実現させる

　ここまで、第2章として、競争力ある製品を生み出す仕組みについて触れてきた。スペックマネジメントとして、設計諸元とその経緯と根拠が重要な要素であると解説した。だから、設計を絵と文字から脱却させるために、テクノロジーを用いて、CADから自動的に寸法値を抽出し、データベース化することも必要なのである。

　情報にさえできれば、人間と機械の共存の世界を実現することができ、設計検討や検図に今以上に時間をかけることができる。可能な限り、管理帳票やリスト作成などの作業から解放し、線1本1本と向き合う時間を取り戻さなければならない。設計諸元に目を向けることで、ナレッジ化や技術伝承にも繋がる。すでに紹介しているが、ナレッジ4要素の洗い出し方に関しては、拙著『プロフィタブル・デザイン』を一読いただければと思う。テクノロジーを活用した人間と機械の共存は、今後のAI化などの布石にもなるのである。

図13 設計における人間と機械の共存

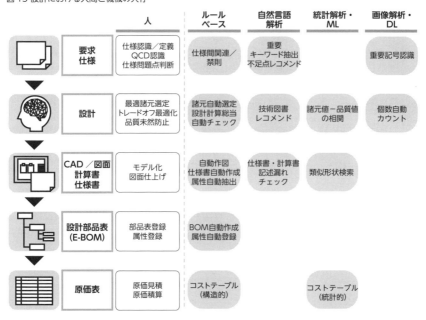

また、設計諸元は設計力そのものを高める取り組みとなるが、後工程とのコミュニケーションをよくするためにはE-BOMも必要となる。後工程は数で仕事をするため、ボリュームマネジメントが重要となる。判断業務や意思決定業務は、スペックマネジメントとしての設計諸元連携が有効になり、開発のスループット向上には、ボリュームマネジメントとしてのBOMが有効になる。諸元管理と部品表のそれぞれの特性を活かすことで、ライフサイクルを通して製品情報を一気通貫に管理できる土台がつくれる。そしてそれが第1章で述べたプロダクト損益への第一歩となるのである。

図14 製品情報の一気通貫管理

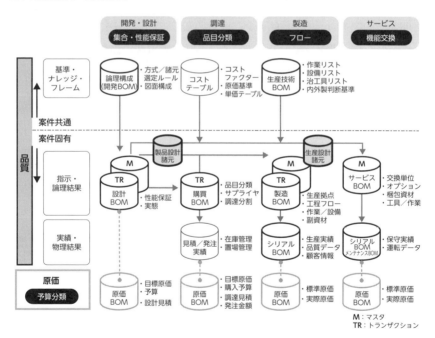

第3章

利益力ある製品を
生み出す仕組みづくり

~技術と会計の融合による原価改革~

第1章でプロダクト損益の重要性を説き、第2章ではそのプロダクト損益を実現させる設計改革や、製品情報の連携について触れてきた。足元の製品情報がしっかりすることで、その上に乗る原価がしっかり管理できるようになり、そしてプロダクト軸で利益の見える化ができてくるのである。

　第1章の図9の3階層に置き換えて説明すると、設計改革により一番下の階層が繋がるようになる。それが、2階層目の原価、3階層目の利益や経営判断に繋がっていくのだ。これが、データとしての設計と経営の連携。言い換えれば、技術と会計の融合に他ならない。

　本章では、その2階層目と3階層目を中心にし、利益のある製品を生み出す仕組みについて解説する。利益力をつけるために、データに基づいた論理的な原価のものさしとなる「見積原価」と、プロダクトの利益創出という視点からデータ管理していく「固定費マネジメント」の2つのキーワードを中心に話を展開していきたい。

3-1
いい加減な原価のものさしが、
コスト競争力の源泉となる

　第1章でも述べたが、コストの約80％は設計開発段階で決まる。すなわち、利益のポテンシャルが決まってしまうことになる。だとすれば、設計者が自ら原価意識を持ち、原価チェックをしながら設計しなければならない。それは、図面を出図した後に、原価チェックや見積をしているようではダメだ。出図した後で「思ったより高かった」とわかっても、時すでに遅し。そこから大きく図面変更・設計変更はできないからである。

　そのためには、「コスト意識を持って」とか「予算を意識して」とか声がけだけで終わらせるのではなく、必要な原価データを開示することや、見積を行うためのコストテーブルを構築する必要がある。いわゆる「見積原価」の

導入と言い換えてもいい。

しかし、多くの企業で実現できていない。なぜだろう。原価意識を持たせるために、原価データとコストテーブルは、誰が考えても必要とわかる。そんな当たり前すぎることがなぜできないのだろうか。必要だ、必要だと声高に叫んでも実現しないため、その阻害要因を整理し、そして実現に向けて検討を進めてもらいたい。

いい加減な原価・適当な原価という考え方

阻害要因の1つめとしては、「原価計算は精度が大切」という考え方である。実際原価に代表されるように、「原価=精度をよくしなければならない」「原価=間違ってはならない」など、正確で精度よくという、固定概念や先入観を持っている。確かに、実際原価は実力を示すため、正しい実力を測るには計算精度を追求していく必要がある。しかし、今必要になっている見積原価に限っては、その逆である。

見積原価は、計算精度を求めると必ず失敗する。実際原価は、実際に起きている事象を原価として表現しているだけなので、理論上100点の精度を追求することはできる。しかし、設計段階での原価（＝見積原価）は、これから設計・製造するものに対して原価を想定（コストシミュレーション）するため、理論上も100点の精度は絶対にありえないのだ。見積原価は実際原価とは違い、精度の良い原価とならない。この「精度が悪い原価」というのが見積原価の導入を阻んでいるのである。

例えば、ある部品の図面を描いている最中に、原価を想定するためにコストテーブルを用いて見積原価計算をしたとしよう。部品の材質・寸法・加工方法などの諸元情報から、仮に9,000円と算出された。予算が10,000円のため問題ないと判断し、作図を完了する。無事、上長の承認もされ、調達へ図面が渡された。調達がメーカーから最終見積を取得したら、12,000円と返答があった。では、予算オーバー分の2,000円は誰の責任か？

調達からは予算オーバーのため、設計見直しできないかとの依頼が来る。設計者はちゃんと原価意識を持ち、コストテーブルを用いて作業を進めた。しかし、後出しジャンケンのように12,000円だから再度検討してくれと言われても、納期もあるので困る。結果、予算オーバーとなり、予算超過の稟議書を提出しなければならない。ちゃんとコストテーブルを使ったのに怒られてしまう。

　この頑張ったら損をするという「頑張ったもの負けの文化」が最悪なのだ。原価意識を持てと言うなら、精度の良いコストテーブルを提供してくれ！と言いたくなる。

　問題点を浮き彫りにするために、話を誇張して表現したが、要はコストテーブルの精度は良くないので、その誤差は誰が対処するか？　という問題にぶつかる。その誤差対応を設計者に求めたり、予算超過の対象としたりすると、設計者は前向きになれない。結果、設計はどんどん原価から離れていくことになるのだ。

　この見積原価を導入しようと思うなら、「いい加減な原価」「適当な原価」という価値観を受け入れる必要がある。ここで我々は適当という概念と、どう向き合うかについて考えなければならない。いい加減な原価を認めるとする。その場合、どの精度になったら運用開始してもよいのか。誤差に対して誰が責任を持つのか。どこまでの精度になれば参考価格から予算管理の活用に格上げできるのか。こういった様々な問題が見えてくる。

　前述の誤差に関しては、完璧な運用案はない。見積原価の導入企業の多くは、設計と調達の共同責任にし、共同活動を推進している。また、予算管理も、コストテーブルの見積原価と、メーカー見積額の両方を用い、予算達成度管理を行う必要がある。コストテーブルという基準にもとづいて、原価意識を持った仕事をしていることが第一である。

　結果の額だけを追い求めると、永遠にコストテーブルや見積原価を導入できないだろう。そうなると、設計での原価管理も「原価を意識しましょう」

という標語レベルで終わり、データに基づいた振り返りができる仕事のあり方にはなっていかないのである。

「設計の自由度」と「原価の精度」はトレードオフ

別の阻害要因としては、「原価は、設計が終わってからチェックするもの」という考え方である。未だ多くの企業が、設計の原価チェックは出図後にするという発想が強い。これは、前述の見積原価に精度を求めすぎた結果ということでもある。設計では、類似部品からの勘見積を行って、あとは調達が正式な見積を取得する。これでは、原価チェックが後手後手になっている。では、どのタイミングでチェックすべきなのか、あらためて、顧客要求から原価が決まる流れを確認しておく（図1）。

図1 設計と原価精度の関係性

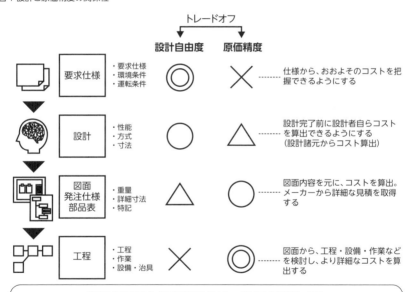

「設計自由度」と「原価精度」はトレードオフの関係にある。
設計でのコストコントロールを実現するには、精度の悪い原価を扱う意識が重要

まず顧客要求があり、それを実現するために、設計諸元を決める。第2章で、この設計諸元の確定が設計の本質であると述べた。そして、それら設計諸元を図面化し、最後にそれをどのような工程・作業・設備でつくるかということを決めていく。最初は、顧客要求というざっくりとした曖昧な情報から、最後は工程や作業など詳細な情報が確定していくのだ。製品情報が成熟していく感じだろうか。そして、この製品情報が詳細化されればされるほど、原価の精度は高まっていく。

しかし、逆に、製品情報が詳細化されればされるほど、設計の自由度はなくなっていく。設計の自由度と原価の精度はトレードオフの関係にあると言える。よって、図面が確定し、工程検討時点で、詳細コストがわかって高コストだと判明しても、図面修正は難しいのだ。

一方、設計諸元を検討している時点では、図面も描いていないため設計変更は容易だが、原価は想定値のため精度は悪い。そうなると、やはり前述した「いい加減な原価」というものと向き合わないと、設計者の原価意識や見積原価の定着は難しいのだ。いい加減な原価が導入できれば、設計者が図面を描く前や描いている時点で、寸法や加工方法などから加工コストを算出することもできる。また、購入品の発注仕様を決めている時点で、購入品の価格を算出することもできるのだ。

「原価は精度が命だ」と息巻いて、結果、見積原価の導入に失敗し、設計者の経験見積・勘見積から脱却できない。それなら、いい加減でざっくりしているが、ルールや基準に基づいて見積していたほうが振り返りもでき、実績（実力）を反映できるようになる。そのためにも「いい加減な原価」という価値観を受け入れるべきである。

「原価のものさし」を使って、原価のPDCAを実現

第1章で述べたように、真の利益を見える化するなら、製品を軸にしたプロダクト損益が重要である。それは、製品を軸として、原価のPDCAを回す

ことが重要であるとも言える。それは、予算（Plan）と実績（Do）をとり、予実管理（Check）を行い、振り返り（Action）を行うのだ。見積前提/根拠やその基準がなければPDCAを実行しても、次に活かすことができない。

　そのために、「原価のものさし」を持つことが必要である。経験と勘で見積を行い、その見積前提や根拠も残っていなければ、いくら詳細に予実管理を行っても振り返りができない。予算超過しても、「気をつけろ！」「もっとちゃんと見積もりしろ！」と叱るだけとなり、合理的・科学的・組織的なマネジメントにはならない。基準やものさしがあるからこそ、予実に差異があったら、その基準を見直すことができるのである。

　実際原価は、国が定めた原価計算基準というルールが存在するため、基本的にはそれを遵守していればよい。しかし、見積原価にはルールがない。企業ごとに自分たちの製品特性や事業特性に合わせてルールづくりから始めなければならないのだ。第1章でも述べたが、原価に関しては思考停止の50年を歩んできた。そのうえ、いい加減な原価というコンセプトでルールづくりをしなければならないので、より悩ましい。この見積原価計算基準をつくることができれば、原価のPDCAを回すことができるのである。

　基準を持つことで、「見積原価」→「標準原価」→「実際原価」という原価の流れをつくることができる。また、振り返りの際も大きく3つの視点で原価分析を行うことができる。

1　仕様差……顧客仕様差・技術仕様差など
2　構成差……部品差・システム構成差・製品構成の差など
3　原価差……単価差・コストファクター差・コストテーブル基準差・見積前提差など

　これらを、ライフサイクルの上流から下流までを一気通貫に差分管理していくことができる。特に重要になるのが、設計の上流である。企画量産型で

あれば、DR0とかDR1などの基本構想の設計段階。個別受注企業であれば、見積設計段階である。設計段階における原価というと、多くの人が詳細設計の出図段階を思い浮かべる。無論、その段階で原価意識を持つことも重要であるが、もっと重要なことは基本構想設計や見積設計段階である。

　基本構想設計や見積設計段階で、全体の性能目標・基本構造・方式・キーパーツの仕様など、コストレベルが決まる重要な諸元が決まってしまうからだ。原価のPDCAを実現しようと思うと、ライフサイクルの上流段階から管理し、各フェーズで差分管理をしていき、原価差分に関してはどこか1部署に責任を負わすのではなく、共同責任にしながら、体系的なデータマネジメントが必要となる。

図2 見積タイミングと原価のPDCA

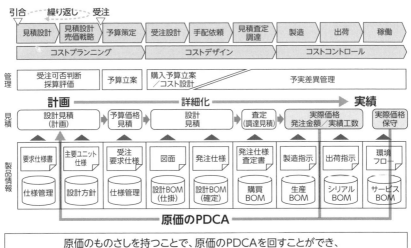

原価の実力把握には、「一物一価」という考え方は捨てるべき

　最後にもう1つ、見積原価の導入の阻害要因を述べておく。「一物一価」という考え方だ。一物一価とは、品目マスタに対して、原価登録は1つにするという考え方だ。これは、財務や経理がこだわることが多いが、標準原価計算を行ううえで必要な考え方だ。言い換えれば、期間損益のシステムにおいては、一物一価は当たり前ということになる。

　そこで、設計に原価チェックさせるには、会計システムの品目マスタの原価情報を開示すればいいという考えもある。会計システムのデータがあれば、原価確認できるはずだが、そんな簡単な話ではない。前述の一物一価の考え方があるため、品目マスタの原価情報を見ても、1つの原価情報（＝標準原価）しか登録されていない。

　しかし、モノの価格はサプライヤによっても異なるし、発注ロットによっても異なる。モノの仕様は同じでも検査要求レベルが異なれば価格も変わってくる。それらの価格決定要素（これをコストファクターと呼ぶ）によって変動するようなデータの持ち方でなければならない。見積原価を検討する際には、言い換えれば、プロダクト損益の会計システムの検討の際には、一物一価という概念はまず捨てるべきである。

「見積書のデータ管理」この調達改革を忘れてはならない！

　一物一価の弊害は理解したと思う。ここで、1つ疑問が出てくる。それなら、調達システムを開示すればいいのではないか、という疑問である。調達システムには、個別の実績購入価格が登録されているからだ。確かに、購入価格が登録されているが、その前提となる諸条件（価格決定要素）が登録されていない。異なる購入価格とわかっても、なぜ異なるのか？　がわからない。ロット差・検査要求レベルの仕様差・物流要件差など、何が異なったから価格が違ったのか？　この要素がわからない限り、個別の価格を見ても役

に立たない。逆にミスリードすることになってしまう。

　これには、「見積書管理」の問題がある。今の調達システムは、あくまでも支払のためのデータ入力でしかない。価格差の原因が、ロット差なのか、物流要件の差なのかは、全てメーカーからの見積書に記載されている。しかし、見積書はPDFで受領し、PDFの状態で保管されているだけである。見積書には、モノの仕様、ロットなどの購入仕様、物流仕様も詳細に記載されているが、調達システムには一切登録されない。見積書には、部品費・加工費・出精値引き額など明細が書かれていることがあるが、調達システムには、それら明細を登録せず交渉結果の価格を一式で登録する。繰り返しだが、今の調達システムは支払用システムになっているからだ。よって、この見積書をデータ化できれば見積原価の実現に大きく近づくのだ。

　無論、見積書のデータ化が重要だからといって、全て調達部門が手で登録するなどは非現実的である。価格の前提となる発注仕様は、設計が作成する発注仕様書からシステムを使って自動的にデータ化することができる。それに向けて、設計は発注仕様書のテンプレート化などを推進してもらいたい。

　そうなると、残るは、メーカー見積書に記載されている見積仕様と価格のデータ化である。これは調達が手で登録していくしかない。しかし、それは設計のためのデータ化ではなく、調達として査定力向上のために、必要な取り組みと思うべきだ。次に触れる統計コストテーブルの構築にも大きく貢献するので、ぜひ設計と調達の共同活動として推進してもらいたい。

　この見積書のデータ化は、忘れ去られるテーマとなりがちだ。設計システムの導入時は、見積書管理は調達関連業務として検討対象外になる。また、調達システムやERPの導入時は、原価計算や支払いなどの財務データを中心に検討されるため、見積書の管理や内容のデータ管理はほとんど扱われない。技術と会計の分断、PLMとERPの分断が、見積書管理をおざなりにする原因となってしまっているのだ。技術と会計の融合や、原価のPDCAには、この見積書のデータ管理が実現の要といっても過言ではない。

統計的コストテーブル vs 構造的コストテーブル

　色々な話をしたので、少しまとめてから、コストテーブルの話に入っていきたい。設計開発段階でコストの約80％が決まるため、設計者の原価意識が重要である。なので、設計者が、「原価のものさし（＝見積原価基準）」を持って、原価をチェックしながら設計できる環境をつくらなければならない。設計の自由度と原価の精度はトレードオフのため、設計途中で原価チェックをしたい場合は、原価精度を割り切った「いい加減な原価」が必要になる。いい加減な原価のものさしを導入できると、経験や勘に頼った原価チェックから脱却でき、設計の上流段階（基本構想設計・見積設計）→詳細設計段階→購入→製造→出荷と、ライフサイクルを通して原価を管理できるようになる。これが、原価のPDCAを実現させる大きな考え方になる。

　補足しておくが、見積原価・見積原価基準・コストテーブルなど様々な表現を使っているが、基本的には同じ意味として使っている。厳密には意味は異なるのだが、大きな意味としては、原価のものさしを持って、原価を意識できるデータを使おうということだ。

　コストテーブルには、大きく2つ存在する。構造的コストテーブルと統計的コストテーブルである。コストテーブルというと、一般的には、構造的なコストテーブルを指すことが多い。例えば、部品の購入品費を算出したい場合は次ページのように、コスト構造を分解し、コストの原単位を分解していく方法をとる。メーカー調査をしたり、場合によっては、メーカーに協力を得て共同の活動として進めている企業もある。設計費の場合でも同じである。コストがどのような要素で決定しているか、原単位を分解する考え方になる。

＜構造的コストテーブル＞
　　・部材費…………重量当たり単価と購入品重量から算出

- 加工組立費……切断/組立などの工程を整理し、想定される標準作業時間と賃金レートを掛けて算出
- 物流費…………輸送形態と距離のマトリクス表から算出
- その他経費……全体の5%や10%などの一定比率から算出

<設計費の場合>
- 設計区分………メカ設計/エレキ設計、全体システム設計/部品設計、見積設計/受注設計、など
- 新規区分………新規大、新規小、流用など
- 作業区分………作図、審査会対応、購入品対応など
  →これらの区分を原単位とした設計工数表があり、それに設計費のチャージレートを使って計算
  設計外注を使っている場合は、社内と外注でテーブルを分けている場合もある（チャージレートが異なるため）

図3 コストテーブルのアプローチの差

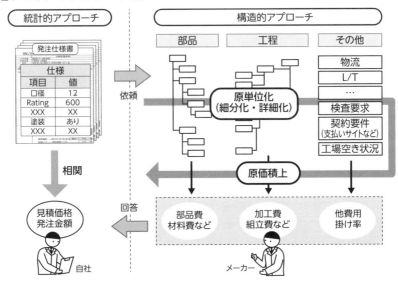

構造的なコストテーブルは、図3の右側のように、「原単位化」と「原価積上」を行うというイメージである。購入品なら想定されるメーカー情報から作成することになる。原単位を明確にするので、論理性もあり説明性も高い。計算精度もよいし、改善もやりやすい。コストテーブルとして非常に理想的である。多くの部品や原価費目で、この構造的コストテーブルの整備を進めていかなければならない。

　しかし、一方で大きなデメリットがある。それは、整備に多くの時間と労力を要することだ。原単位が明確になればコストの精度は上がるが、その原単位を洗い出すのが難しい。設計費など社内費用であればまだ情報は集めやすいが、外注設計費や購入品費など、社外の情報だと、そもそも情報が入りにくい。その中で、原単位を明確にしようと思っても、かなりの時間がかかってしまう。

　構造的コストテーブルは理想だけど、現実的に多くの部品や費目で整備することは難しいのだ。重点品目や重点費目を決めて、それだけは構造的に整備していくことはいいかもしれない。しかし、企業活動は多くの品目や費目が存在する。それらを幅広く整備できる手法も必要となるのである。

　そこで、統計的アプローチで整備するコストテーブルが有効となる。統計的コストテーブルは、すでに企業にある事実の情報だけを扱う。図3の左側のように、購入品の例だと、自社から依頼した内容（＝発注仕様書）と、その結果として回答のあった金額（＝見積価格／発注金額）を扱う。その事実として存在する「発注仕様書の項目」と「見積価格／発注金額」の相関を統計的に紐解こうというものだ。

　構造的アプローチでは、依頼した発注仕様書の内容を受けて、メーカー側で設計が始まる。どのような部品構成になるか、そしてどのような工程で製造するかなどの調査値や想定値を整理する必要があるため、時間と労力が必要となるのだ。

　統計的／構造的ともに、それぞれ一長一短がある。どの品目／費目にどの

手法を用いるか整理して取り組んでもらいたい。

【構造的】 ○論理性／説明性が高い。
　　　　　○計算精度がよい。
　　　　　×原単位の整理に時間がかかる（調査など多くの労力を要する）。
　　　　　×実力より理想が強くなる。

【統計的】 ○事実情報だけを扱うため迅速に整備可能。
　　　　　○論理性より実力を反映した内容となる。
　　　　　×計算精度に限界がある。
　　　　　×コストファクターの説明性が弱い。

設計諸元が、コストを支配している

　統計的コストテーブルを整備するに当たって、考え方やポイントを整理しておきたい。第2章で設計の本質は、図面でもBOMでもなく設計諸元であると述べた。性能値・技術仕様値・方式値・寸法値などを総称して、設計諸元と表現している。この設計諸元が製品QCD全てを支配しているのだ。

　板厚（設計諸元の1つ）を2mm薄くしてしまったためにトラブルになる。逆に2mm厚くしすぎたためにトラブルは起きないが、コストに問題が出る。設計諸元によって製造工程も決まってくる。基本構造や部品の方式値によって工程が決まってしまったり、部品の幅などの寸法値によって設備が決まったりするのである。製造の工程・工順・作業・設備などの選定も、全て設計諸元に依存しているのだ。製品の外形寸法によって、トラック輸送かトレーラー輸送かの輸送方法が決まる。そう考えると直材費も、加工／組立費も、物流費も、その他多くの費目は設計諸元で決まってくるのだ（厳密には、全ての費目が設計諸元で決まるわけではなく、設計費・検査費・立会費用は要求仕様によって決まることが多い）。

図面でコストが決まると思っている人も多いが、図面はあくまでも諸元値の集合体でしかない。そのため、設計としてはこの諸元値の選び方が最も重要となり、また設計者が頭の中で諸元値を選定している際に、品質と原価のバランスを考えながら最適な諸元値を選定してもらわなければならない。ベテランはこの諸元値の選び方が絶妙にうまく、無駄なくギリギリまで諸元を削ることができるのだ。

図4にあるように、諸元値のうち、「性能」と「方式」によって、大きなコストレベルが決まってしまう。また、「方式」と「寸法」でコストファクターが決まってしまうのだ。それらの要素を通じて、図面としてコストが確定することになる。そうすると、「設計諸元」と「原価」を紐解くことができれば、設計者が使えるコストテーブルの整備が進むのだ。

しかし、現状の原価の格納の仕方はそうはなっていない。現状は、〈品番X001 原価1,500円／個〉〈品番X001の工程番号A01 原価 300円／個〉といったように、品目番号・工程番号・設備番号など実物・実態の背番号に対して、原価が格納されている。現状の原価データには、設計諸元の情報はどこにも存在しない。なので、現行システムの原価データをいくら確認しても、使えるデータとなっていないのだ。繰り返しだが、設計諸元と原価を関

図4 設計と原価の関係性

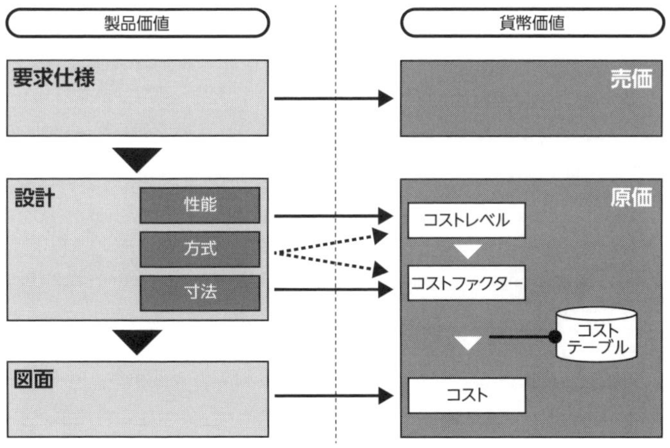

連づけるコストテーブルが必要なのだ。部品番号などの背番号が決まらなくても、設計諸元が決まれば原価が確認できる状態にする必要がある。

「重量当たり単価」は、原価意識をダメにする

　構造的コストテーブル以外に、よく使われているコストテーブルとして、「重量当たり単価」「容量当たり単価」などがある。これは、過去データを重量（＝設計諸元）と原価の紐解きを行う。重量と原価という2つの項目から、Excelの散布図というグラフを書く。近似値線を引いて、「原価＝a*重量+b」という式を表示することができる。Excelでグラフを書いているだけなので統計というイメージを持っていないかもしれないが、これも統計的コストテーブルの一種である。

　確かに、鉄モノ・樹脂モノなどになると、ほぼ重量が原価に効いてくるということで、昔から重量当たり単価というのはよく使われていた。これは、統計的に表現すると、単回帰分析という統計手法となる。ただし、この重量や容量など1つの諸元（統計的に言うと説明変数）で、原価を表すのは危険である。なぜなら、重量・容量など、たった1つの諸元で原価が決まるはずがない。本来は、重量・容量・材質・口径・塗装有無など様々な項目が影響するからだ。

　それにもかかわらず、わかりやすいからという理由で、たった1つの項目だけで原価を説明しようとするのは都合がよすぎる。複数の項目が原価に影響しているなら、それらを全て使って表現しなければならない。「原価＝a*重量+b」という式から、「原価＝a*重量+b*材質+c」や「原価＝a*重量+b*材質+c*塗装有無+d」といったようにである。言い換えれば、「重量当たり単価」から、「重量・材質当たり単価」みたいな式をつくることになる。

図5 回帰分析のイメージ

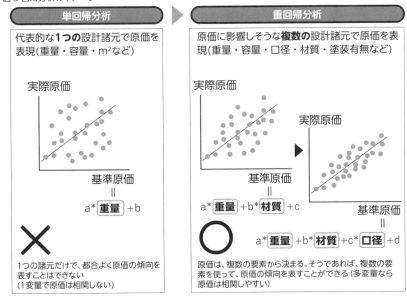

　確かに、重量・材質当たり単価と言われても、感覚的によくわからない。重量当たり単価なら、人間の感覚としてつかめる。ただし、逆説的だが、重量当たり単価というわかりやすいものさしを持ってしまうことで、逆に思考停止に陥り、それ以上追求することをやめてしまうのである。結果的に、間違った原価意識で満足し、正しい原価意識を持てていないことになる。

　原価に影響する項目は、価格決定要素（＝コストファクター）と呼び、多岐にわたっている。図6（次ページ）にあるように、スペックの設計要件だけでなく、生産要件・物流要件・契約要件が入る。量産系で発注ロットが原価に影響を及ぼす場合は、発注ロットの項目も分析対象になる。サプライヤによって価格レベルが変わってきて、それも考慮する場合は、サプライヤコードも分析対象にする。統計で扱う対象は、数値情報だけでなく、材質・特急の有無・インコタームズなど文字情報も扱うことができる（※文字情報は、

カテゴリーデータと呼び、0または1の数値情報に置き換わって扱われる）。

　より多くのコストファクターを洗い出せたら理想的だが、現実は、抽出作業工数と統計精度のバランスで考えざるをえない。特に活動開始時は、データの洗い出しばかりしていると、成果がなかなか見えずモチベーションも上がらない。最初の整備対象を設計（スペック）要件に限定し、コストテーブルのイメージがわき始めたら、幅広く整備と分析を進めればよい。

図6 コストファクター（価格決定要素）

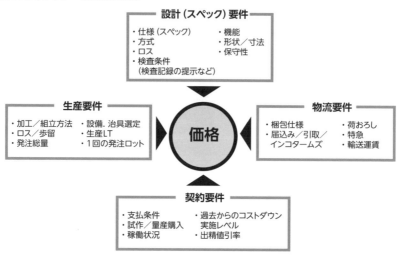

工学 × 数学

　この複数の諸元（説明変数）を用いる分析のことを、多変量解析の「重回帰分析」と呼ぶ。聞き慣れない言葉があると、急に難しく感じるかもしれない。特に文系や工学系の人は、数学用語には拒絶反応を示しやすいが、Excelの標準アドインツールにも入っており、非常に簡単に使えるものだ。難しい計算はExcelが勝手にやってくれるので、Excelグラフを書くくらい

簡単だし、場合によってはグラフを書くより簡単ではないかと思うくらいである。工学の人が、数学の統計的手法を身につければ思考の幅も大いに広がる。原価だけでなく、品質管理や技術計算式の見直しなどにも使える基礎的なビジネススキルになるだろう。

昭和の時代はExcelなども使わず、方眼紙に自分でデータをプロットして式を考えなければならなかったので、重量当たり単価が使われていた。今は時代が違う。ITスキルも高まっている。平成の時代には、誰もがExcel関数やグラフを当たり前に使うようになった。令和の時代は、Excelの統計くらいは汎用的なスキルとして、誰もが使いこなすことになるだろう。その時代のITスキルに合ったデータの持ち方を考えなければならない。

余談だが、次の20年では、機械学習やディープラーニングも汎用スキルになっているだろう。現に、MicrosoftはExcelから機械学習を実行できるアドインをすでに公開している。現在は誰もが使えるレベルのものではないが、20年後には誰もが日常的に使うものとなっているはずだ。逆に、そういったスキルを身につける教育をしないと、人間と機械の共存は実現できないし、最後は人間がボトルネックとなり競争力はどんどん奪われていくだろう。

話を統計に戻そう。複数の諸元を使って原価を分析することが重要であると述べた。例えば、バルブを例に取ると、発注仕様の項目から原価に影響しそうな項目としては、「重量・弁種・口径・レーティング・材質・塗装有無・検査レベル」など様々に存在する。その場合なら、統計で分析を行うと、以下のようなイメージとなる（式の係数はダミーの係数にしてある）。

・1つの諸元の場合（単回帰分析）：原価 = 680,799*口径 + 87,996
・複数の諸元の場合（重回帰分析）：原価 = 449,660*口径 + 1,288,700*SUS
　　　　　　　　　　　　　　　　　　　+ 214*レーティング +84,970

このように、複数の設計諸元を用いることで、より原価を正確に表現で

き、新しい原価のものさしを持つことができるのである。

図7 コストテーブル導入の全体像

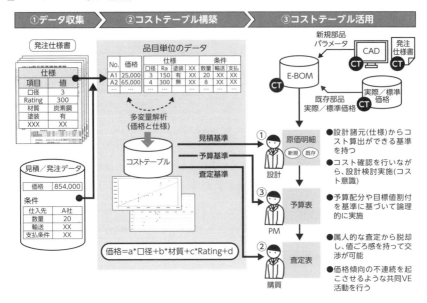

このコストテーブルを持つことができれば、大きく3つの活用ができる。

1　設計活用……脱経験・勘の見積（図7の①）

　設計をしながら原価チェックし、品質と原価のバランスを考慮しながら最適設計を促進できる。経験と勘の見積から脱却し、コストテーブルの基準を用いて見積を行うことで、振り返りができ次に活かすことができる。発注仕様書のテンプレートにコストテーブルを埋め込めば、発注仕様を確定しながら、原価を確認することができる。また、3DCADとコストテーブルを連動させることで、モデルを作成しながら、原価を確認できる。論理構成のBOMに対してコストテーブルを埋め込むことで、E-BOMにて原価を算出し、原価積上が可能となる。

2　調達活用……脱ボリュームディスカウント（図7の②）

　調達の査定テーブルとして活用する。メーカーからの見積書に対して、妥当な価格提示なのかを値ごろ感を持って判断するためだ。近年は調達担当者のモノの知識が減っている傾向にある。2000～08年まで多くの企業が増収増益の中、ボリュームディスカウント一辺倒で価格交渉をしてきたからだ。前年より購入量が増える傾向にあると、値引交渉が楽だ。発注仕様が低スペックだから安くしてとか、発注図面がつくりやすいから安くして、といったややこしいスペックマネジメント（値引交渉）をする必要がないため、モノの知識がどんどん減っていくのだ。きつい言い方だが、ボリュームディスカウントは、"前年より多く買うのだから10％値引きしろ！"と迫ることができるため、「数の暴力」という見方もある。ボリュームディスカウントも有効な手段だから続ければいいが、スペックマネジメントを行うために、設計と調達の共通言語としてコストテーブルが意味を成すのだ。

3　予算活用……脱一律予算削減（図7の③）

　部品や部門予算の根拠として活用する。原価企画活動的に表現すると、目標原価の割付に活用する。現在、案件全体の予算を、部品や部門へ分配する際の根拠は曖昧なことが多い。特に、一律予算削減という手法を用いることが多いが、これが大問題なのだ。初期の概算見積（or類似モデルの実績）と予算を比較して全体として20％オーバーの場合、全員一律20％削減したら、目標達成となる。この一律というものが、一見平等そうに見えるが、実はかなり不平等だ。要求や機能の新規性も考慮していない。前モデルの実績に異常値が入っているかの確認もしていない。また、初期の概算見積を参考にする場合だと、担当者が多めの金額を提出している場合が多い。担当者の心理としては、「どうせ、あとで予算削減しろって言われる。だったら、最初は高めに出しておこう」とバッファを持ってしまう。難しい表現を使うと、バッファマネジメントの問題となる。

色々書いたが、要は何かの数字を集計して、一律予算削減して、あとは頑張ってくれ、というのはマネジメントではない。単なる計算だ。一律予算削減の仕事は、その企業のモノづくりの特性も知らず、事業の置かれている状況も知らず、社員の個々の性格も知らない筆者ですらできる仕事である。そんな何も知らない人ができてしまうような仕事に価値も、競争力も生まれないと思ってもらいたい。

　そのためにも、原価低減のポテンシャルを考慮したり、コストテーブルを用いて論理的にあるべき価格を導いたり、基準を使ってベストコストを算出したりしなければならない。予算は、評価の基準となる重要なデータである。また、社員のモチベーションにも寄与する重要な要素である。予算は、難しい・よくわからないという理由から、論理的なプロセスを踏まずに実施されることが多い。そうならないためにも、コストテーブルを用いた予算立案を検討してもらいたい。

　これまでのことを、簡単にまとめると、原価のPDCAを回すためには、経験と勘に頼った見積から脱却し、上流の設計段階からコストテーブルや基準に基づいた原価算出が必要となる。そのためにも、設計諸元と原価を統計的なアプローチで紐解き、コストテーブルを構築するのが有効である。技術と会計の融合をデータとして実現する1つの方法となる。統計のデータ分析を行うためには、設計や原価のデータが必要になる。第2章でも述べたが、設計を絵と文字から脱却し情報化できれば、原価との分析も可能となる。なので、発注仕様書Excelから仕様項目は自動抽出し、CADから形状の寸法を自動抽出し、技術計算書Excelから技術仕様・計算結果も自動抽出し、設計諸元DBを管理できるインフラを整える必要がある。あくまでも自動抽出が前提である。

　次に、購入品であればメーカーの見積書のデータ化も避けて通れない。メーカー提示仕様・見積前提・見積金額・金額明細などもデータ化しないと

分析ができない。ただ、見方を変えれば、データ化は単純作業のため外部の力を借りることもできる。データ化さえできれば、統計処理も可能だし、その先には機械学習などの AI 化も待っている。原価に関しても人間と機械の共存の世界をつくり上げることができるのだ。

最後に、忘れてはならないのは、いい加減な原価というスタンスを忘れないことだ。どうしても、統計やコストテーブルのような基準化したデータをつくろうとすると、99％の精度じゃないと使えない、と声高に叫ぶ人が出てくる。数式化したりデータ化すると1％の狂いも許されないと思ってしまう。では、現状の経験・勘で行った見積はそんなに精度がいいのか？　ということだ。精度がよいに越したことはないが、100％はない。そうなると、比較優位で考えるしかない。現状が70％、80％程度の精度だったら、それと同等なら問題ないということだ。現状と同じ以上であれば、経験と勘で何も振り返りできないより、数式化・基準化し改善できる状態のほうがよい。精度ばかり追求するのではなく、コストテーブル・ものさし・基準に基づいた仕事のあり方を目指してもらいたい。

> **column**
> ### 怒られたくない気持ちが、バッファを生んでしまう
>
> 　本文にて、コストテーブルの予算活用で、バッファマネジメントについて触れた。「どうせ、あとで予算削減しろって言われる。だったら、最初は見積を高めに出しておこう」というバッファ問題が存在する。これは、予算だけでなく、納期管理や品質管理においても起きる問題である。バッファ問題の共通点としては、全て「怒られたくない」という保身的な気持ちから起きるのだ。
>
> 　品質におけるバッファは、第2章の3節で述べた「保身的な過剰設計」が該当する。安心・安全を必要以上に意識しすぎて、スペックを安心側

で設定する。寸法は薄くてトラブルになるくらいなら、厚すぎるほうがいい。オプションも外して不安になるくらいなら、つけておいたほうがいい。と、このようになる。品質の理解が少ない若手になればなるほど、この傾向が出てしまう。中身のわかっているベテランになればなるほど、バッファという余裕を取り除くことができる。

　納期管理においても、同様のバッファが存在する。誰もが日頃から行ってしまっていることなので注意してもらいたい。例えば、月曜日に作業依頼され、どれくらいで終わる？　と聞かれた際に、本当は水曜日で終わるなと思っても、「今週中に終わらせます」と答えることがよくある。様々な作業が、金曜日納期になってしまっているのだ。もしくは、「週明け月曜日の午後には間に合わせます」などの月曜日になることも多い。Todoやタスク納期を見ると、ほとんど金曜日か月曜日になっている。極端な表現をすると、「金曜納期問題」がバッファ問題であり、金曜納期を中心にバッファを削ぎ落とすことが、バッファマネジメントになるのだ。無論、それだけで全てのバッファが取り除けるわけではないが、各担当のバッファを少しでも取り除くマネジメントができれば納期管理は大きく変わるのだ。

　また、本書の主旨から外れるので詳しくは解説しないが、特に設計における納期管理は、バッファマネジメントと、作業の着手管理が本質的になってくる。設計のように思考性を伴うタスクにおいては、最初の20％部分の作業をいかに早く着手させるかが重要となる。20％分だけでも着手すれば、難しさや情報の不足、他部門調整事項が見えたりするものだ。

column
統計のコストテーブルは、精度が悪くても使える

　本文では、統計のコストテーブルは精度を求めすぎてはいけない、現状の経験・勘見積と同等なら十分使えると述べた。では、精度が悪いときには使えないのだろうか。活用の幅は限られるが、精度がすごく悪くても使うことができる。また、あえて精度が悪くなるように狙うこともある。統計＝精度良くではないので、この精度について少し解説しておきたい。

コストテーブルの精度は、残差率が最も重要
　少しマニアックな話をする。統計の精度は、数学的な視点と業務的な視点の両方存在し、筆者は業務的な視点のほうを重要視している。まず、統計において一般的にチェックする数学的指標には、「補正R2（自由度修正済み決定係数）」「P値」「多重共線性（VIF）」などをチェックをする。詳細に解説はしないが、コストテーブルの活用に関して、一般的に統計で重要とされている指標を筆者は参考程度にしている。大切なのは業務視点の「残差率」である。

　残差率とは、統計誤差の比率（コストテーブルから算出された予測値と実績との統計誤差の率。残差率＝（実績値－統計予測値）／実績値の式で示せる）である。要は、コストテーブルで算出される原価の誤差が1万円といっても、1万円の買い物をする際に1万円誤差が出たら使い物にならない。だが、100万円の買い物の際に1万円の誤差なら使い物になる。なので、実際原価の何割の誤差が出るかで精度を測るしかない。残差率は活用目的とか現在のデータ精度にもよるので、目安の数値も言いにくいのだが、残差率（平均）が±20％以内になれば業務上多くのシーンで活用ができると判断している。

精度が悪くても、コストテーブルは使える

　コストテーブルは精度を求めすぎてもダメだが、経験・勘見積より明らかに精度が悪く残差率も極めて悪い場合もある。そんな状態だと、やはりコストテーブルは使い物にならないのか。いやそんなことはない。購入品の調達業務では使い道があるのだ。購入価格は、モノのスペック（設計諸元）によって決まる。高いスペック（高強度の材質・厚い板厚・厳しい寸法公差など）を選ぶと購入価格も高くなる関係性だ。その「スペックと購入価格の関係性」の精度が悪いということは、スペックに基づいて適切に査定・値決めができていないということがわかる。スペックに応じて論理的に合理的に値決めをしていれば、自ずと統計の精度が上がるからだ。例えば、メーカーごとの購入金額でデータ分析してみる。メーカーAは残差率が低くスペックに基づいて値決めしているが、メーカーBは残差率が高くスペックに基づいた値決めができていない、といった感じだ。メーカーの工場稼働率に応じて値が決まってしまうなどが該当する（お腹が空いているときは安値だが、お腹がいっぱいのときは強気の価格提示でくるなど）。このように、統計の精度が悪い場合（バラツキが多い場合）は、スペックに応じた査定・値決めを徹底していく。そして、半年・1年と統計精度が上がっているか（バラツキが減っているか）、傾向を管理していくのだ。

コストテーブルの精度を悪くする取り組みも必要

　逆に、スペックに応じて合理的に論理的に値決めができていると統計精度は良い。では、それはそれで素晴らしいと言えるのか。統計精度が高ければ活用シーンが多いので、喜ばしいことだらけのように思えるが、実はそうではない。1年・2年とデータ分析しても、統計の精度がいい（＝スペックと購入価格の傾向がある）ことが続いていることは、購入の価格レベルが変わっていないということになる。過去の延長線上で購入してお

り、ある種惰性で購入しているといってもいい。本来は、積極的なVEを行い、コスト構造を根本的に見直さなければならないのだ。

　そうすると、精度が悪くても使えるし、精度が良くてもそのままではダメだ。常に改善サイクルを回しながら、コストテーブルの運用をしていかなければならない。

1. 統計精度が悪い（バラツキ多。スペックによる値決めになってない）
2. スペックに応じた値決めを意識
3. 統計精度が良くなる（バラツキ少。様々に活用できる）
4. 統計精度良いコストテーブルを使い効果を出す
5. VEなど価格レベルを下げる（購入価格の不連続を起こす）
6. バラツキが出始め、統計精度が悪くなる（バラツキ増える）
7. 下げた価格レベルに合わせて値決め意識（バラツキ減らす）

　本文でも述べたが、統計は、誤解が多い。大量データが必要で、精度が良くなければ使えないという思い込みがある。特に設計者は、数学に対して胡散臭さを感じて信じていない。今後は、データに価値がある時代のため、統計を積極的に採用してもらいたい。

3-2
固定費マネジメントにより利益をデザインする
——原価企画から利益企画の世界

　ここまでのことを実行すると、第1章の図9で言うところの、1階層目の製品情報がライフサイクルを通して繋がり（第2章の実現）、その上の2階層目の原価の基準を持ちPDCAを回すことができるようになる（第3章1節の実現）。1階層目と2階層目の繋がりが、技術（製品情報や設計諸元）と原価の

融合ということもできる。そこで最後に残るのが、2階層目の原価管理力の部分と3階層目の利益力や会計力といった部分だ。ここからは、原価管理力・利益力・会計力をつけるための視点について触れていきたい。

　先に重要なキーワードを述べておく。会計的に見て、儲けを生み出しているのは「固定費」である。しかし、多くの人が着目するのは変動費だ。固定費は、かかった費用を、減価償却や配賦などの処理で切り刻み細かくされる。そして、ある割合で"負担させられている"との認識だ。多くの人が、固定費を使っているイメージがないところに問題がある。2,000万円の設備を購入しても、1時間当たり300円みたいな感じになる。高級車が牛丼になり、よくわからなくなってしまうのである。部品・材料などの変動費は、目の前にものがあるのでわかりやすいため、変動費ばかり議論している風潮がある。わからないから手をつけず議論を避けているのだ。まさしく改善する際には、そのよくわからない部分に着目し紐解いていくことが大きな効果に繋がる。固定費は大きな宝の山である。

製造業の儲けの本質は「固定費マネジメント」

　製造業の儲けの基本は「固定費マネジメント」にある。工場の建屋、設備・金型・治具・工具、研究開発や設計の人件費、試作の部品費や評価費、作業マニュアル作成や作業訓練費用など、実際にモノをつくる前に、莫大な費用がかかっており、これを固定費と呼ぶ。一方で、製造以降に発生する費用に、部品材料費やラインで働く人の人件費などが発生する。これは、つくる量に応じて右肩上がりで増えていく費用で、変動費と呼ぶ。そして、製品を販売することで代金を回収していくのが基本であり、イメージで言うと、最初に大きな借金（固定費）を抱えて、それを資産という形に変え、材料を都度購入してものをつくり、販売した代金から少しずつ回収をしていることになる。つまり、先行投資した費用（固定費）を、時間をかけて回収する「固定費回収モデル」が製造業の実態である。

図8 製造業の儲けの本質

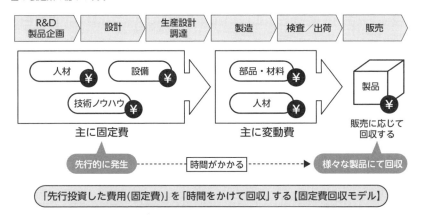

　そこで、この固定費と変動費、どちらが儲けを左右するのだろうか。結論から言うと、変動費は儲からず、儲けているのは固定費となる。なぜなら、部品などの購入品に代表される変動費は、顧客から頂いたお金をサプライヤや外注に渡すので基本的に手元に残らない。無論、変動費のロス分の改善や仕入値の値下げは利益に繋がるので変動費のコストマネジメントは重要だ。しかし、企業全体から見た際の儲け力は弱い。しかし、リスクも少ない。売れないと思えば、買わなければいい。売れる分だけつくり、つくる分だけ買う。そうすることで無駄なキャッシュアウトを減らすことができるからだ。

　なので、量産企業になればなるほど、サプライチェーンマネジメント（SCM）・ジャストインタイム（JIT）などが重要となるのだ。SCMもJITもロス改善である。ロスを改善し利益に繋がっているので、儲け力を高める取り組みと思ってしまうが、本質的にはロスをゼロにする取り組みと言える。

　では、儲けはどこにあるのか。それは、「固定費」である。しかし、固定費はリスクが大きい。小難しく考えなくても、一般的な常識で考えればわかるはずだ。リスクのないところに儲けなどは存在しない。「僕は、安心にリスクを取らずビジネスをしたい。でも、儲けだけはしっかり欲しい」なんて、都

合のいい話は存在しない。リスクを取りたくなければ薄利になるし、リスクを取って、リスク回避のマネジメントを行うことで大きな儲けを得ることができる。世の中の摂理である。

　設計開発段階でコストマネジメントが重要であると触れたが、それは、「固定費マネジメント」を行うことが最も重要な施策なのだ。しかし、設計者は、主に「変動費マネジメント」をしたがる。なぜなら、お客の要求を満たすのは部品・材料という変動費部分だからだ。設計はまず、顧客要求を満たすことが第一となり、そこに注力・注目しながら仕事を進めるため、変動費が意識の中心になってしまうのである。設計者に固定費マネジメントを意識させられる仕組みを構築できれば大きな競争力に繋がるのだ。

　では、固定費マネジメントは何をするか。固定費は、原則、減らすことができない。設備・金型・治具など、すでに買ってしまっているため使わなかったとしてもお金が戻ってくるわけではない。設備などは占有率を減らして、自分の製品に対する負担を減らすことはできるが、会社全体で見たらキャッシュアウトが減っているわけではない。減らすことができなければどうするか。「増やさないようにする」ということである。

　ここで設計開発のジレンマが出てくる。設計開発には必ず新規性が伴う。イノベーティブに新機能や新構造を開発する場合、新材質を採用する場合、顧客要求に合わせてちょっとした寸法変更（穴ピッチ、板厚、フランジの取り合い高さなど）だけの場合もある。イノベーティブな新規か、単なる相似形の寸法変更の新規かは色々あるが、必ず何らかの新規が伴うはずだ。

　問題を浮き彫りにするために単純化した構造で話を進めるが、設計が新しいことをすると、原則的にはそれに伴って新しい固定費（治具・工具・作業など）が発生する。そうやって固定費を増やしていくと儲からない。なので、固定費マネジメントとは、設計が新しいことをどんどん行うが、新しい固定費を抑制できるマネジメントのことである。その実現には、設計者に工程フロー・コストファクター・リードタイムファクターを理解させるという当た

り前の話に帰着する。昔から言われているつくりやすい設計、フロントローディング、コンカレント・エンジニアリングを再考することになるのである。

固定費マネジメントに関しては、拙書『プロフィタブル・デザイン iPhoneがもうかる本当の理由』（日経 BP 社）と、『赤字製品をやめたら、もっと赤字が増えた！ −儲かる製品を実現するコストマネジメント−』（日刊工業新聞社）で解説しているので参考にしてもらいたい。

資産リストを作成しない製造と調達の怠慢を許すな

固定費マネジメントの実現には、設計による工程フローの理解は第一歩であるが、それだけでは不十分だ。製造も調達もやるべきことはある。製造は、設備リストを作成し、設備仕様差（加工機など同設備が複数台あった場合に、その速度差・加工最大幅・治具セットの差など）を明確にしているか。治工具もリストにし、加工可能寸法のMin-Maxを明確にしているか。作業もリストにし、作業可能寸法／コストUpで作業可能寸法／作業不可能寸法などを明確にしているか。

製造の各現場にはその情報は存在している。しかし、それらを会社の資産リストとして、設計と共有しているだろうか。設計・製造連携が進まないと嘆いている企業が多いが、こんな当たり前のデータすら共有していないのだから当然の結果である。何をもってつくりやすいか、どこまでならつくれるかについては、「設計からの問い合わせに、都度答えているじゃないか」と製造は言いたくなるだろうが、個別に答えてもダメだ。資産リストとして作成することが重要なのだ。個別案件とは関係なく、共有することに意味がある。

資産リストをつくり、固定費マネジメントを推進するのは、製造だけではなく調達にも当てはまる。外注先やメーカーの工程フローや資産リストも重要だからだ。これは、広義の意味での固定費である。特に取引比率の高い外注先工程は、固定費と同じと捉えるべきで、筆者はそれを「隠れ固定費」と呼んでいる。その隠れ固定費の資産リストも対象にすべきである。

社内の資産リストと同様に、外注先がどのような設備を保有しているかリストにし、外注先がどのような基準で設備選定しているかを明らかにし、作業内容の洗い出しを含めて資産リストの整備が欠かせない。ただ、現在の調達部門でこのような動きをしている人をほとんど見かけない。また外注先に、資産リストの情報開示を依頼しても、そう簡単に出してくれない。なので、調達は2つのシーンで情報を入手することを心がけなければならない。

　1つは、コストダウン要求を諦めるときだ。コストダウン要求しても、外注先はつくりにくい、新しい治具が必要になるなどの理由をつけて、コストダウン要求に応じてくれないこともある。そこで、コストダウン要求を諦めるときに、単に諦めるのではなく、なぜ生産性が悪いのか？　図面をどのように変更したら安くつくれるのか？　なぜ高い設備で加工が必要なのか？　その設備選定の方法は？　など情報を聞き出さなければならない。

　こちらも「最近、査定新業務が始まって社内管理がきつくなっている。コストダウンが実現できなかった言い訳を社内でしなければならない。コストダウン要求は取り下げる代わりに、そのあたりを教えてもらわないと説明がつかない」など、タダでは引き下がらないことも重要であろう。

　もう1つは、外注先・メーカーが不具合を起こしたときである。再発防止のチェックということで工場を視察し保有設備をチェックし、現場の人に色々話を聞く必要がある。現場に足を運んだときに、製造の人に直接聞くと色々教えてくれる。情報を入手する方法は多岐にわたって存在する。相手との取引比率や信頼関係によって難易度は異なるが、調達担当者がこのような動きをし、社外の資産リストの作成に努力していることが重要なのである。

　このように考えると、設計・製造の連携の課題の見え方も変わる。設計から製造へ、製品情報データ（上流のE-BOMから下流へのM-BOM）の連携が課題として取り上げられる。しかし、連携の本質は、製造や調達の保有している資産リストを設計へフィードバックするところにある。このように、工程フローや資産リストを見える化し、設計に情報を開示する。設計として

も、資産リストを開示されたらまずはそれを守り、つくりやすい設計に取り組むのだ。設計は「顧客要求の実現」と「社内のつくりやすさの実現」という二律背反の中から、最適解を見つけていくのがあるべき姿である。

 イノベーションという言葉は、市場創造や顧客の価値創出など、顧客側へのベクトルで語られることが多いが、本来は顧客価値（要求リスト）と社内生産性（資産リスト）の板挟み状態の中で、解決策を見出すことが日本型イノベーションではないかと思う。日本には工場を持った垂直統合型の製造業が多い。やる気にさえなれば精緻なデータを整理することができ、その強みを活かした固定費マネジメントの実現が、儲け力の礎となるのだ。

今のデザインレビューは、後出しジャンケンだ！

 この資産リストや固定費マネジメントを取り入れると、形骸化・儀式化してしまっているフロントローディングやデザインレビューの景色が一変する。多くの企業でつくりやすい設計が重要だということで、設計の上流段階から製造や多くの関係者を交えてデザインレビューや審査会を行っている。それだけ聞くと大切なことだが、実態は歯車が合っておらず大きな問題を抱えている。ひとことで言えば後出しジャンケン状態で、モチベーションが低下しているのだ。

 デザインレビューやフロントローディングは、一般には設計が図面をつくり、設計部内のレビューを通してから、検討会に出される。そこで、製造部門から「この形状は社内でつくれない」「ここのクリアランスは最低300mm必要だ」と指摘される。設計が検討を重ねたうえで出したものに対して、他部門からの指摘が浴びせられるのだ。

 設計者からすると、やっと自分の仕事が終わって、上長にもチェックをもらっているのに、指摘があれば図面修正となり、全て手戻りになってしまう。働き方改革とか残業削減が推奨されていると、指摘＝修正作業＝残業という構図が頭に浮かぶ。そうなると、デザインレビューや審査会に臨む設計

者の胸の内は、とりあえず指摘が出ないまま"シャンシャン"で終わってほしい、静かに終わってほしいという心理になる。場合によっては担当者もできるだけ発言せずに、積極的に懸念点を出して議論を巻き起こそうという気持ちにならないのだ。

これは極めて本末転倒な話である。そもそもデザインレビューや審査会は、設計者だけでは知見が限られているので、より多くの視点からアドバイスをもらい、良い製品をつくるために行うのものだ。本来ならば、「あのベテランから意見をもらえる」「製造部門からもアドバイスをもらって、よりよい製品に変更できる」というように、前向きな会議のはずだ。

ところが実際は、設計者はアドバイスを期待するどころか、指摘による手戻り、残業、土日出勤、36協定みたいなことばかりを気にし、誰からも指摘がないまま終わることを願っているのだ。ひどい例だと、指摘を受けそうな部分はあえて目に触れないようにしておくとか、そんな後ろ向きの姿勢すら見られる。これでは健全なデザインレビューとは言えず、本末転倒である。

しかし改善の道がないわけではない。工程フローや資産リスト、コストファクターを明確にするプロセスを踏むことで、適切なレビューになっていく。製造はレビュー会で、「前の案件でこうしてくださいと指摘してますよ」「何度同じ指摘したらわかってくれるんですか」と不満を言うことがある。確かに、製造などの後工程からすると、設計者はなぜ一度言った指摘を守ってくれないのかと思う。これは、設計部門の構造的問題がある。第2章でも触れたように、設計は個人商店化し、属人的バラバラ設計になっているため、製造からの指摘があっても、設計部門内で情報の横連携がうまくいっていないのだ。

ただ製造も、出てきたものに対して指摘するのは、ズルい。後出しジャンケンのようなものだ。指摘をするなら、先に言う必要があるだろう。言い換えれば、つくりやすいとはどういうことか、つくりにくいとはどういうことか、しっかりデータとして提示することである。設備や治工具のリストをつくり、加工範囲のMin-Maxを設計と共有し、つくりやすい寸法範囲を設計と

共有する。つまりはコストファクターやリードタイムファクターを見える化することであり、マネジメントすることにある。そうしてはじめて、設計はリストに書かれた制約を参考に、後工程の事情を考慮しながら設計を行うことができるのである。

　ただし当然のことながら、設計はリストに書かれた条件を全て守れるわけではない。後工程から提示されたルールを守っていては、新しいことに挑戦ができない。いい製品をつくるため、競争に勝つためには、その条件を意図して破りたくなる。「もうちょっと狭い寸法でやってくれませんか」「このクリアランスは300mmが標準だけど、250mmにしてくれると、この外形寸法に対してパネルをもう1枚入れることができ、要求性能を実現できます」というように設計が、基準外の要望を提示する。それに基づいて、製造も他の設計も「社内ではムリだが、外注ならできるかも」「そんなことを言っていたら納期に間に合わない」と議論を行う。言いかえれば、顧客の要求を優先するのか、社内のつくり方を優先するのかという議論が進められていくのだ。

　この議論は悪いことではなく、建設的な動きである。これまで手戻りを恐れていた設計が自らやりたい思いをぶつけて、それに対しての議論であり、当然却下される可能性も踏まえての議論である。たとえ却下されたとしても、それで設計のモチベーションが下がることはない。出したものに対して後出しで指摘をされるだけだったのが、今後は基準外の要望に対して議論を重ねていくことができる。指摘はあくまでも後出しジャンケンだが、議論は前向きな検討である。

　このように固定費マネジメントやコストファクターの見える化を実践していけば、設計と製造の新しい連携を模索できるし、それによって技術者は、新しいことに悩み、アイディアを拡張していくといった本来あるべき仕事ができるようになる。これが固定費マネジメントを基にした設計・製造連携の目指すべき姿だと言える。

図9 設計・製造連携の目指すべき姿

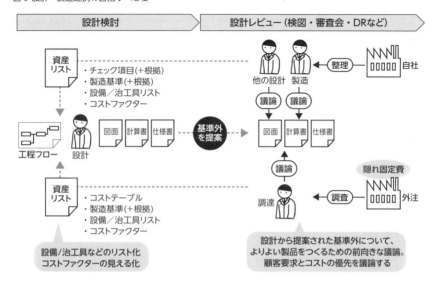

原価企画・コストマネジメントの3要素

　固定費マネジメントの重要性と、そのための資産リストを作成し、設計・製造・調達で共有することの重要性を述べた。では、それらを踏まえて、どのようにマネジメントしていくべきか。一般的には、コストマネジメント・原価企画・DTC（Design To Cost）・予算管理と呼ばれる活動が該当する。それぞれ若干異なるところはあるが、大きくは、「設計・開発段階でコストの80%が決まる」という原則を踏まえつつ、データを用いながら開発を進めていくことにはかわりない。そこで、図10の3つのプロセスを推進し、この3つを連携していくことがコストマネジメントの基本となるのだ。

第 3 章 ● 利益力ある製品を生み出す仕組みづくり

図 10 コストマネジメントのフレームワーク

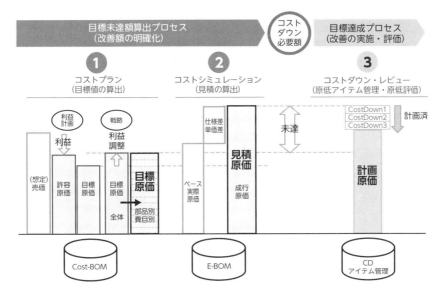

1　コストプラン（目標値・あるべき原価の算出）

　目標原価や予算の決定部分。これが全ての始まりである。これは、売価から利益先取りで、製品全体の目標原価が決まる。そこから、部品・費目に予算を分配していく。原価企画的に表現すると、目標原価の割付という行為となる。この予算分配や目標の割付が一番難しい。人は必要以上に予算を割り振られると必要以上に使ってしまう。では、厳しい目標を与えたらいいのかというと、そういうわけではない。人は厳しすぎる目標を与えられたら、「あきらめモード」に入ってしまうのだ。頑張る前に、予算未達時の言い訳を考え始めてしまう。なので、ギリギリより少し厳しい目標を与えるのが理想的だ。目標設定は、行動動機やモチベーションに大きく依存するからだ。実績からの一律原価削減による予算ではなく、原価低減のポテンシャルを測ったり、要求仕様からのベストコストを算出するコストテーブルを構築するなど

の手立てが必要となるのだ。

2 コストシミュレーション（見積・実力の算出）

　本章で解説したコストテーブルの部分である。設計者が自ら原価を確認し、設計諸元を確定できる仕組みが必要となる。類似部品の原価を参考にしながら、経験・勘見積を行っているだけでは、振り返りもできず仕事のレベルを上げていくことができない。コストテーブルは実績を元にしているため、実力を反映していることになる。注意点としては、見積をこうあってほしい希望の原価で計算していることがあるが、それは、実力を見える化するという視点から大きな間違いであると言える。見積は実力のデータにて計算しなければ、目標未達額が適切に計算できなくなる。

3 コストダウン・レビュー（原低アイテム管理・原低評価）

　目標と見積が算出できれば、そこにギャップが生まれる。そのギャップは改善しなければ利益が出ない。そのためのコストダウンのアイテム管理が必要となる。これは、設計の見直しだけでなく、調達の買い方改善、製造のつくり方改善、運び方改善など様々な視点でコストダウンアイテムを洗い出して検討していく。そして、どこまで検討・調整ができたか、コストダウンアイテムの評価をしていく。

　コストマネジメントに魔法の杖はなく、地道に地道に上記の3つを実施していくしかない。ただし、企画量産型企業と個別受注型企業など、事業形態によって考慮点が異なってくる。

■**企画量産型企業**……原価企画活動としてすでに3つの要素を実施していることが多い。目標原価設定も行い、部品や費目への目標値割付、見積、コストダウンアイテム管理など一通り実施している。難しいのは見積である。コ

ストテーブルの整備が追いついてない企業が多く、設計者は想定で原価を検討し、調達がメーカーから見積を取り、初めて原価が見えるというケースが多い。設計者自ら基準に基づいた原価を見積もることができるコストテーブルの整備が必要となる。

■**個別受注型企業**……全体的に、体系的な原価管理ができていないことが多く、原価企画というキーワードも馴染みが少ない。受注後の実行予算立案とその達成度管理は実施しているが、見積やコストダウンアイテム管理などは体系的に実施できていない。過去案件の価格を見て、経験・勘見積が横行してしまっているので、コストテーブルの整備は避けて通れないのだ。企画量産型の企業よりコストテーブルの整備はまだ進めやすいのが特徴だ。購入品のロットによる価格影響が少なく、形状やスペックである程度、加工方法もパターン化しやすいからだ。そして、コストダウンアイテム管理も実施できていない。企画量産型は、1つのプロジェクト内で、DR1,2,3……と繰り返し設計を行うため、コストダウンアイテムを洗い出し、管理し、次の DR までに検討するということができる。しかし、個別受注型は受注後は出図納期に追われ、コストダウンアイテムを出して、調整する時間的余裕がない。なので、原価企画活動が根づいていないのだ。しかし、個別受注型企業でも繰り返し設計の要素がある。それは、見積設計だ。見積設計は1回だけということは少ない。最初に顧客から予算取りレベルでの問い合わせがあり見積設計を実施し、その後、顧客の要求仕様も少し明確になり2回目の見積設計を実施し、最終的なコンペで見積設計を実施する。見積設計のプロセスで見ると、繰り返し設計だ。しかし、このように繰り返し設計を管理できている企業が少なく、引き合いと見積回答が短いため、ドタバタ対応している企業が多いのだ。引き合い案件は多すぎて全てをきっちり管理して仕事を回すことができないが、重要案件は受注を取るために、繰り返し設計の中で、コストダウンアイテムを出して計画的に活動をする必要がある。

予算とは、コストの「未然防止」活動である

　原価企画やコストマネジメントのレベルは、予算の粒度・詳細度・検討の深さによって決まる。プロジェクトのスタート時の予算は全体としてかなり曖昧だが、そこから毎月の実績が計上され、残りの期間は残予算として見直し、細分化がされる。実績と予算見直しを繰り返しながら、プロジェクトを推進していくことになる。コストマネジメントの管理レベルを上げるためには、より深い予算検討が必要になるのだ。

　ここで、予算についての、そもそも論を再考したい。予算と対になる考え方として、実績（実際原価）がある。実際原価は、理論上100点の原価精度で計算が可能だ。だから100兆円かけていいので、100点の精度で実際原価を計算しろと言われたら、実施することはできるだろう。しかし、現実はそんな細かなことをしても意味がないので、理論上はできても、どこかで割り切って配賦という処理を行う。では、予算はどうだろうか。100兆円かけていいので、1年間議論していいので、絶対に間違わない100点の精度の予算を立案しろと言われて実現できるだろうか。無理だ。予算は理論上から100点の精度は実現できないのだ。なぜなら、予算は計画であって、将来何が起きるかわからないし、将来を確約できないからだ。逆に実際原価は、過去起きていることのため、緻密に記録すれば100点の精度を狙えるということになる。

　また、予算は必ず「利益が出る綺麗な絵」を持ってくる。「今の実力だと300万赤字です。どうしましょうか？」そんな予算表を持ってくると「バカヤロー。どうやったら利益が出るのかを考えるのがお前の仕事だ！」と怒られて終わるからだ。なので、予算表とは、戦略的赤字受注を除くと、改善見込みや、頑張ってこの原価にするという意気込みや、場合によってはできないとわかっていても無理やり押し込んだ数字などが記載されている。そんなタラレバで、つくられた数字を議論することに本質的な意味があるだろうか。

では、予算はどう考えるべきかの話をしよう。そもそも、理論上ですら100点を狙えない精度で、かつ予算表はタラレバ満載の綺麗な数字で出されている。そんな予算に対して何を審議し、何に対して承認するのかの考え方をはっきりさせておく必要がある。結論から言うと、予算とはコスト視点での「未然防止活動」の取り組みでしかないと考える。予算（計画）とは、将来のことを全て予想することはできない。しかし、多くの経験を積んでいるからこそ、過去と同じ失敗を繰り返さなかったり、過去の失敗パターンから様々なことを想定し対策を打つことができるはずだ。品質管理においては、これは当然のように行っている。過去に発生したトラブルは原因分析を行い、チェックリストなどの「再発防止活動」を行い、FMEAやDRBFMなどの手法を用いてトラブルを想定する「未然防止活動」を行っている。このような活動を行っていても再発するし、新規トラブルはゼロにはならない。だからといって、再発防止や未然防止活動をやめたら、トラブルの山になってしまうことは容易に想像できる。

　では、コストの視点では、どうだろうか。再発防止や未然防止を行っているだろうか。予算に対して多くの人が心の中で、「予算は未確定要素が多いから数字は仮だよね」「予算は利益が出るように強引につくっているので現実的ではないよね」と、その数値の根拠や不確定度の評価は行われていない。コストに関しても、品質の未然防止に見習った運用を行うとよい。品質は不具合情報が管理され再発防止／未然防止として活用している。コストも不具合（後出しコストやロスコスト）情報を管理し、再発防止／未然防止として活用しなければならない。そのためには、ロスコストを明確に区別して実際収集する必要があるのだ。ロスコストは全て製品に直課できる状態にはならないが、可能な範囲から着手してもらいたい。

例えば、
設計ロス：発注ミスなどで手戻りが起きた外注設計費など

　　　　　　　顧客立会による追加要望（費用請求できない分）の設計費など
試作ロス：計画回数から増えた分。設計変更で無駄になった試作部品費など
材料ロス：払出重量と生産品の理論材料重量との差など
　　　　　（端材などの正常発生するマテリアルロス管理）
金型ロス：本金型発注後の追加工や変更費用など
加工ロス：手戻り作業費など（このロスの可視化は難易度が高い）
物流ロス：調達物流・社内拠点間・顧客への特急輸送
　　　　　（混載の場合は製品に直課が難しいが直課できる場合もある）
保守ロス：納品後のトラブル対応費（人件費・部品費など）

　など、挙げ出すときりがないが、最初から100点は狙わず可能な範囲から可視化を取り組んでもらいたい。また、ロスの可視化の場合は、どこからをロスとするかの定義も重要となる。顧客からの仕様変更に対応するのはロスと取るのか？　最初の計画に入っていないものは割り切って全てロスとするのか？　費目ごとにロスの定義を1つ1つ議論していく必要がある。

　ロスの可視化ができたら、ロスの原因分析が重要だ。品質のトラブルも、設計起因・製造起因・営業起因など原因切り分けを行うはずだ。同様に、ロスコストも原因切り分けを行う必要がある。この部分は、事業特性や製品特性によって変わる部分なので詳細には解説しないが、「新規性」という視点はどの企業も共通して言えることだ。ロスコストは凡ミスもあるが、特にこの「新規性」との関連は見える化できれば、予算活用が進む。例えば、

顧客の新規性：新規の顧客。安全基準や運用要件などで追加修正が発生
技術の新規性：新技術や新方式の採用により試験や加工で手戻りが発生
設備の新規性：新設備採用時に、計画歩留まりが出ない。部品特性に合わず
　　　　　　　設備改修など

地域や法規制の新規性： 新しい国や未経験の法規制への対応による手戻り。申請書などの手続きのやり直しなど

サプライヤの新規性： 新規サプライヤ（特に海外）により検査レベルや提出書類の認識違いで追加発注など

　このような新規性や複雑度によって後出しコストが発生すると言える。まずはこの新規性に関連する部分のロスコストを見える化できれば、予算のあり方が劇的に変わる。

　予算のあり方に話を戻すと、予算は理論上100点は無理で、タラレバ満載のつくられた綺麗な絵になっている。だから、予算とはコストの未然防止活動にする必要がある。そのためには、過去の新規性から発生したロスコストのデータを見ながら、当案件で対応が取れているか、リスクがあるなら予備費を計上しておくのかの議論をすることだ。このコストの未然防止活動が予算そのものなのだ。品質の未然防止としてFMEAなどを行ったことがあれば理解できると思うが、全ての故障モードを洗い出すことはできない。また洗い出しても、コストとリードタイムの関係上、全てにおいて対応を取ることもできない。コストの未然防止も同じである。今の予算検討は、未然防止策を行っていないから、後出しコストが減らないのは至極当然のことである。当たり前のことをやってないから、ロスが減らないだけである。予算審議も時間が限られているが、その時間内でロスコストのデータに対して、議論する必要がある。まずは、コストの未然防止活動という位置付けで、予算を推進してもらいたい。

Cost-BOMによる原価管理の高度化

　予算管理や原価管理をExcelで行っている企業が多いが限界がある。そこで、部品表（BOM）が有効になる。第2章でも触れたが、ボリュームマネジメントの領域においては、このBOMは非常に有効である。特に原価管理

においてBOMは最も効果を発揮する領域となる。それは、E-BOMとCost-BOMという2つのBOMを使い分けることで原価管理をより高度化することができる。

　図10（111ページ）の「予算」「見積」「原価低減」のサイクルを回そうとすると、E-BOMだけでは不十分であり、Cost-BOMが必要になる。E-BOMで実現できるのは、「見積」部分である。E-BOMの各部品（PN：Parts Number）に対して、見積原価データを登録する。そして、E-BOMの構成データ（PS：Parts Structure）を用いて、原価を積み上げることができる。さらに、バリエーション設計などを行っていると、マトリクスBOMから原価差分なども容易に確認できることになり、E-BOMは見積原価管理においては重要な位置付けになる。

　ただし、予算管理においては、E-BOMは使用できない。なぜなら、E-BOMのPN（部品）に対して予算額を入力できないからだ。部品点数が数十点の場合ならE-BOMのPNに予算入力は可能だろうが、数百点や数千点の部品点数になると、その1つ1つに対して入力ができない。では、ユニットなど大きなくくりで予算を入力すればいいじゃないかと思うかもしれないが、そういうわけでもない。E-BOMはあくまでも設計という視点の論理構成を元にしている。予算には予算の切り口がある。主要な部品は、1品1品に対して原価入力ができるが、ものによっては「製缶品」「計器類」とか「加工外注」そして「予備費」など予算独自の切り口が必要となるのだ。それぞれの仕事の切り口・粒度に合わせて、BOMの形態・表現方法は変わってくる。以下にいくつか代表的なBOMの視点を記載しておく（第2章図14にBOMの関連を記載）。

図11 原価管理を支える2つのBOM（Cost-BOM、P-BOM）

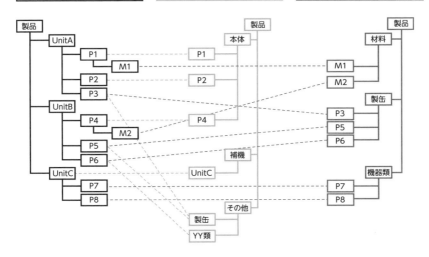

設計BOM	：製品の「集合」を示し、物理構成を表現（実物・実態）
製造BOM	：製品の「フロー」を示し、工程を中心にしたInput - Process - Outputを表現（実物・実態）
開発BOM	：製品の「性能保証」を示し、論理構成を表現
サービスBOM	：製品の「機能交換」を示し、交換単位やサービス構成を表現
購買BOM	：製品の「調達分類」を示し、購入単位を表現
原価BOM	：製品の「コスト構造」を示し、予算管理区分を表現

　様々なBOMが存在する中で、必ず共通して言えることがある。企業を大

きな器と考えたときに、企業に入ってくるもの（購入品）と企業から出ていくもの（製品）というのは、どのBOMでも変わらないのだ。BOMの末端のPNは必ず「購入品」になるし（※）、BOMの最上位のPNは「製品」となるのだ。

　あとは、企業内（大きな器の中）において、購入品（PN）→製品（PN）に変化する間をどのように表現するかが異なるだけだ。システム的に表現すると、末端の購入品（PN）と最上位の製品（PN）を繋ぐ、くくり方（PS）が違うという表現ができる。それは、業務によって最適な視点・切り口・粒度があり、業務に適した製品構成で業務を遂行することになる。なので各種BOMは論理的には統合することは不可能であり、目的に応じた各BOMが必要となる。

※厳密には、BOM末端のPNが必ず購入品にならない場合がある。例えば、E-BOMの末端に加工品があったとする。その加工品が、外注先Aに塗装前の状態まで加工してもらい、そこから渡り外注で、外注先Bで塗装して自社に納品される場合には、P-BOM（調達BOM）では塗装前と塗装後で2つの部品に分解される。そうなると、E-BOMの末端が購入品でない場合は存在し、P-BOMで部品分解を行うことになる。

　図11（前ページ）のように、Cost-BOMはE-BOMと切り口が異なる。例えば、予算管理上は、本体・補機・その他と区分される。本体は主要な部品だけ個別管理され、小物の製缶類は、その他で一括管理されたりする。このように、予算には予算の区分があるのだ。E-BOMは、設計業務に合わせた構成（部品のくくり方）になり、Cost-BOMは、予算業務に合わせた構成（部品のくくり方）になるのだ。ただ、前述した通り、末端の部品（PN）は、E-BOMもCost-BOMも同じになるため、E-BOMの末端のPNを、予算業務に適したPSでくくり直すイメージとなる。このような同じPNを異なる

PSで構成するというのは、現在のBOMのテクノロジーを使えば容易にできることだ。イメージ的には、ExcelのフィルタとTEST並び替えを行って、E-BOMとCost-BOMのView切り替えを行うような感じだ。同じデータの見方を変えているだけなので、Cost-BOMで登録した内容は、E-BOMに切り替えてもデータ保持されることになる。

図12 コストマトリクスとコストテーブル

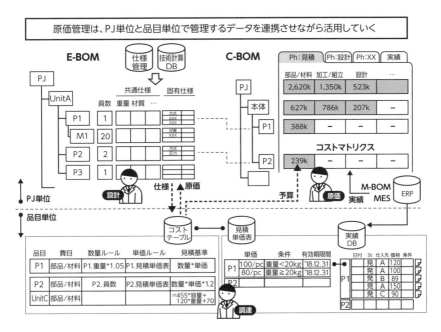

原価部門はCost-BOMを用いて予算登録し、設計部門はE-BOMを用いて見積原価積み上げをし、その情報に基づいて原価部門がCost-BOMを用いて予算管理を行う。このように各部署がそれぞれのBOMを用いて原価管理を行っていくことになる。また、設計や原価はプロジェクト単位に仕事を行う。これは構成（PS）に対してデータ管理するイメージである。そして、調

達が品目（PN）に対して単価表やコストテーブルを管理し原価情報を提供していく形となる。このようにE-BOM、Cost-BOMを用いてより高度な原価管理の姿を検討してもらいたい。

原価企画から利益企画へ（利益をデザインする）

　ここまでで、原価企画やコストマネジメントの3要素について触れた。ざっくり表現すると、目標原価を決めて、それに対しての実力を把握し、目標の達成度管理をしていくことになる。また、利益に関しても同様の活動が必要となり、筆者は利益企画と呼んでいる。第1章で触れたプロダクト損益という考え方とデータを用いて、利益企画は推進できる。原価企画と利益企画は切っても切れない関係性だが、管理ポイントや管理粒度が異なる。

原価企画：
- 目標原価、実行予算を管理する
- 開発プロジェクト、製品開発テーマ、シリーズ別など、予算管理単位と連動する
- 製品構成×費目別でコストマトリクスの原価管理を行う
- 開発のマイルストーンと連動しながら、コストレビュー会などを実施する

利益企画：
- 固定費回収ポイント（利益創出ポイント）を管理する
- 固定費回収の単位として、複数の開発プロジェクトやテーマをくくった事業として管理する（1つの開発プロジェクトを分解、再集計する場合あり）
- プロダクト損益データを用いて、利益管理を行う
- 毎月の経営会議などと連動しながら、固定費回収管理を行う

図13 固定費回収ポイントの可視化

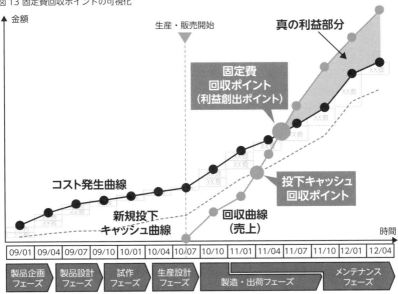

　事業の利益は、製品を1個売って都度発生するものではない。原価計算上は、製品1個当たりの原価に対して売価を差し引けば利益は計算できる。しかし、これは事業から見たら利益とは言えず、計算上の見かけの利益だ。真の利益は、複数の開発プロジェクトをくくった事業として投資した固定費が回収し終えてから初めて利益となるのだ。図13で言うと、固定費回収ポイントを超えた右上の部分に該当する。固定費回収ポイントは、言い換えれば、利益創出ポイントと言える。固定費回収ポイントに到達するまでは、製品1個当たりで利益が出ていても、実際の利益ではなく、先行投資した固定費の回収を行っているにすぎないのだ。第1章で解説した「プロダクト損益」は、この固定費回収管理を行う際に、最も重要なデータとなるのだ。
　この固定費回収ポイント（利益創出ポイント）を、予算時から作成する。そして、毎月の実績管理と残予算管理を行い、固定費回収ポイントがどの

ように変化しているかチェックし、固定費回収ポイントへの達成度管理を行うことが、利益企画に該当する。毎月の管理にて、固定費回収ポイントの変化を見える化しておくと、事業のリスクも見えやすくなるはずだ。当初の固定費回収ポイントから大きな変化がある事業は、計画の甘さや計画外費用などが発生していることになるからだ。固定費回収をマネジメントする際に、データの視点で特に注意すべき点に触れておく。

売上：プロダクト損益のデータにおける売上数量は営業の売上目標数字を使わないこと。営業は必ずストレッチの売上目標を立てるため、固定費回収においては、営業目標値のXX％（過去の目標達成率など）の数字を使用するべきである。

投資：減価償却を行わず意思決定時に、全額（もしくはその案件負担分）を一括計上する。少し話はそれるが、内部的には償却年の考え方を捨てることで、投資の回収管理ができれば有税償却という手法も取ることができる。この有税償却を積極的に活用している企業は少なく、会計のプロである経理や財務部が嫌がるからだ。事業の変革スピードを高めるためにも有税償却は有効な手段になる。

遊休：設備の遊休率を管理し、新設備の積極的利用を促す。設備を一部でも使用すると全額が原価算入されてしまうという基準により行動が歪んでいるケースがある。そのためにも、ライフサイクルを通して遊休時間の累積管理が必要となる。単年ではなく累積が重要である。

配賦：プロダクト損益には原則、製品別の配賦処理は不要だ。財務会計は、棚卸資産計算のために1個当たりの原価が必要となる。プロダクト損益は1個当たりの原価を見るのではなく、事業としてトータルとして利益が出ているかの管理を行うものだ。そのため、複雑な配賦計算なども不要となり、プロダクト損益システムは非常に安価に構築ができるのだ。

図13（123ページ）は、1つの開発プロジェクトやテーマでの固定費回収ポイントを記載しているが、実際は複数プロジェクトをくくって固定費回収単位とすることが多い。また、開発で想定外費用が多額に発生し、救済処置を取る場合は、会社全体として利益確保のために、固定費回収単位を組み換えることも行う。今の時代、1つ1つのプロジェクトで確実に利益を出すことが難しい時代になってきている。そのため、固定費回収単位というトータルで利益が出るようなマネジメントが必要となるのだ。プロジェクトの組み換えによる利益シミュレーションを行ったり、評価ができるテクノロジーの採用も重要な視点だ。

固定費が利益構造を根本的に変える

技術と会計の融合という二律背反の関係性を解くことが新しい世界に導いてくれるきっかけとなる。そのためには、設計諸元と原価情報を統計的に分析し、コストテーブルを構築することで、設計者が品質とコストのバランスを考えながら最適な設計を遂行できるようになる。また、固定費となる資産情報を設計にフィードバックすることで、真のフロントローディングが実現でき固定費を増やさないマネジメントを遂行できるようになる。E-BOMとCost-BOMを用いることで、予算・見積・原価低減を促進させることができる。これらも、技術と会計の融合である。そして最終的にプロダクト損益を見える化し、固定費回収をマネジメントできるようになるのだ。技術の世界では変動費中心に議論されてきた。そこに、おざなりになっていた固定費に着目することで、利益管理に大きな変革をもたらすことになる。それは利益をデザインしていくことになり、設計・開発における「自由度と統制」のバランスをどのように考えるかという究極の命題を議論することにもなる。技術と会計という二律背反の関係性に対して、融合という矛盾した結論を探し求めることが重要なのだ。第2章と第3章の取り組みを通じて、競争力ある製品・利益力ある製品の実現を模索してもらいたい。

第4章

PLMで獲得する
コスト競争力

原価低減は組立型製造業が利益を増やす手段の中でも最も効果的な選択肢である。そして、PLM が果たすべき大きな役割の 1 つとして、このコストダウンへの貢献がある。「設計・開発段階でコストの 80％ が決まる」とは以前から広く認識されている原則だが現実には、コストダウン課題に真正面から取り組み、実績を上げた PLM 導入事例は希少といってよい。本章では PLM を活用した設計フェーズからのコストダウン手法について解説していく。

① 　原価見積の高度化
② 　部品標準化の推進

　具体的な取り組みテーマは上記の 2 つである。双方に共通して大きなポイントとなるのは、新規部品の取り扱いである。言うまでもないことであるが、新規部品の原価が最も不透明で、かつコスト上昇要因としての影響が大きい。また、メカ部品とエレキ部品ではその特性の違いから、それぞれ異なるアプローチが必要だ。この課題をクリアしてコストダウンに導くために、PLM に求められる機能要件や運用の勘所について詳述していく。そしてこの取り組みは、受注生産型の BtoB 企業にこそ多大な効果をもたらす理由を解説する。
　また昨今、PLM に実装されはじめた BOP という機能は、工場の製造工程や生産能力を設計に可視化するものだ。掛け声だけにとどまっていたコンカレントエンジニアリングを実現に導き、固定費抑制を促進するポテンシャルを秘めている。PLM が部材費に代表される変動費のコストダウンだけではなく、固定費マネジメントにも効果を発揮するとなれば、その経営効果はさらに増すことになる。製品の価格競争力のみならず、企業の儲ける力すなわち事業力を強化することにも繋がるからだ。
　しかし PLM ベンダー各社の BOP に対するスタンスには大きな差異があり、ここに「PLM のあるべき姿」をどう捉えているかという思想が反映され

ている。PLMを単なる設計の便利ツールと断定しているベンダーはBOPの開発に消極的である。これに対して、PLMとは本来ERPとの両輪でモノづくりプロセス全般を支援し、事業力強化及び経営管理に資するものであると定義づけているベンダーは、BOPをキーモジュールであると位置づける。このBOPをブリッジとしたPLMとERPの高度連携の起点となる業務が、原価企画である。そして原価企画を足掛かりに、製品ライフサイクル全般にわたる利益コントロールシナリオを遂行するためのデジタルプロセスチェーンが構築される。

　本書ではPLMとERPを融合させることでプロダクト損益を把握できるようにし、それをベースに新たなモノづくりを進められる体制を構築することを提言している。この新しい環境下におけるPLMの役割は、従来の運用とは自ずと異なってくる。そこで本章ではあらためてPLMの歴史と現在までの一般的な使われ方を紹介し、なぜPLMでプロダクト損益を管理すべきなのか、そしてAI実装などの将来像を含めて使い方をどう高度化させていくべきなのかについて紹介する。

PLMって必要なのか？

　設計部門の情報インフラとして誕生したPLMは、時代とともに自らの役割を進化させてきた。その中核を成すファンクションはBOMであるが、設計からの出図構成を表現するE-BOMが基本構成要素といってよいだろう。このE-BOMを起点として、生産構成を表現するM-BOMや保守構成を表現するS-BOMなど利用シーンを広げることで、PLMはその形態を発展させてきている。

　一方、企業の経営資源（ヒト・モノ・カネ）を管理するERPは、「基幹システム」とも位置づけられ、製造業においては不可欠なITとなっている。

　そしてこの2つのシステムPLMとERPは、これまでともすれば対義的な

文脈で語られてきた。

・モノやカネを管理するリアルなERPに対して、製品情報を扱うPLMはバーチャル。
・創造的なPLMに対して、作業的なERP。
・ERPは必須の仕組みだが、PLMはあれば便利なもの。

　この二元論の先にあるのは、企業にとって重要なことがわかりやすいERPと、専門的かつマニアックでなんだかよくわからないPLM、という不幸な結論である。それゆえに、企業システムにおけるPLMの相対的な位置づけはERPよりも軽んじられてきた。しかし本書ではPLMこそが製造業の事業力＝戦闘力を強化し、事業運営を高度化する、不可欠な武器だというメッセージを発信している。

　ピンとこない読者もいるのではないだろうか。
「設計でPLMを使っているが、他の部門では使われていないようだ。導入時の説明では効果が大きいという話だったが、あまり実感がない」
「当社ではPLMを導入していない。確かに非効率な面もあるが、業務は回っている」
「ERPがあれば経営情報の見える化は実現する」
「まずはERPの導入に全力を傾けよう。PLMはその後に余力があれば追加で導入してもいいかな」

　今もこのような見解が少なからずあることは事実である。しかしそれはPLMの本来果たすべき役割が理解されていないからである。また、この状況を育むに至った経緯においては、ベンダーサイドの責任が大きい。目先のビジネスを生むカスタム開発ばかりに注力してしまい、木を見て森を見ないシステム構築が横行してきたからである。その結果、ただの作業効率化ツールやペーパーレス化ツールに成り下がっている例は枚挙にいとまがない。

　本章においては、モノづくりの上流フェーズを中心に、PLMを高度に運用するためのポイント、とりわけ原価企画にフォーカスを当てて、その本来の

効用を解説していく。

図1 PLMとERP

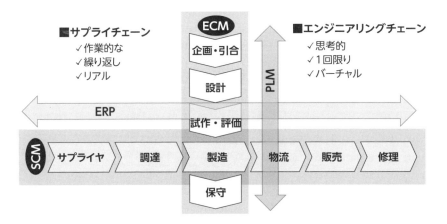

PLMって何のため？

　PLMの主な役割は、BOMを中心に関連する設計情報を集約して、設計部門内での情報共有はもとより、他部門に製品情報として展開していくことである。とりわけ設計変更情報を抜け漏れなくかつ迅速に伝達することは基本要件となっている。PLMが支援するこの一連のプロセスは「エンジニアリングチェーン」とも言われる。BtoBであれば引き合い、BtoCであれば製品企画からスタートし、設計〜製造〜保守へと至る製品情報のフローであり、モノの流れを表現するサプライチェーンとは対になる位置づけである。ここで期待される効果は、リードタイム短縮に代表される生産性の向上である。市販されている多くのPLMは、設計変更管理や設計付帯業務の効率化で、このポイントを訴求することで発展してきている。

　一方、PLMが果たすべきもう1つの大きな役割として、コストダウンへの貢献がある。コストダウンというと、多くの方は調達や製造が主体となる取

り組みを想起されるかもしれない。設計がメインユーザであるPLMにコストダウン効果を期待することに違和感を覚える読者もいるだろう。まずはこの点について理解を深めていただくべく、話題をいったん異なる視点に移す。

利益を増やすためには

『企業の経営者は「売上増」と「利益増」の2つにしか関心がない』

極論かもしれない。しかし経営者の思考や行動は、この2つのいずれかを動機づけることでおおよそ説明ができるし、これを達成することが経営者の使命なのだから自明の理でもある。このうちどちらがより重要なのかという議論もあるが、ナンセンスといってよいだろう。売上がなければ利益は生み出せないが、売上は利益を生み出すための手段にすぎないという見方もできる。そう、どちらも重要なのだ。企業がどちらを重視して戦略を立てるかは、その時々の状況によって柔軟に判断すべきだろう。

では、本題に入っていこう。ここでは利益に着目する。製造業が本業での利益を前年よりアップさせるには、どのような手立てがあるか？ 基本としては以下の3つに絞られる。

① 販売価格の値上げ
② 売上数量の拡大
③ 原価低減

販売価格値上げと売上数量拡大は、互いにトレードオフの関係にある。値上げをしても売上数量が落ちない強い商品は希少である。それでも値上げという経営判断をするのは、逃げていく顧客は一握りにすぎないという自信があるか、あるいは原価高騰により値上げせざるをえないときだ。そして多くの場合において、売上数量は減少する。

逆に売上数量を拡大しようとしたときに最も有効な手段は、普及価格に値下げすることである。もちろん価格はそのままで販路拡大により売上を増やすことが理想なのだが、市場のボリュームゾーンを狙うにはやはり価格がポ

第 4 章 ● PLM で獲得するコスト競争力

イントになる。

　この2つはまた、その成功因子が対外的なファクターに委ねられる点が共通している。マーケットの反応が全てであり、ハイリスクハイリターンの戦略なので、時機を見誤ると大きな痛手を負いかねない。

　逆に原価低減は対内的な自助努力によるところが大きい。その意味では他の2つに比べれば、リスクは少ないと言える。もちろん外部という意味でサプライヤの存在があるが、ギャンブル性の高い販売市場とは違って、大量購入や期間契約など双方の合意をすり合わせる交渉余地がある。原価低減は、利益を増加する3つの方法の中で最も成功確率が高い手段であり、どの企業においてもその気にさえなればすぐにでも着手できる取り組みだと言える。

図 2 製造業の利益創出

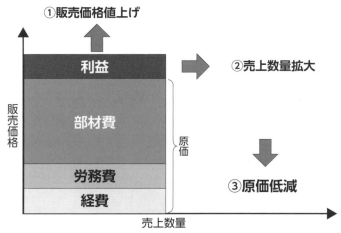

出典：藤田敏「これからの調達部門の役割」(一般社団法人日本能率協会)

部材費低減が経営に与えるインパクト

　では、その原価低減を成功に導くポイントは何だろうか。組立型製造業に

おける原価と利益の相関を掘り下げてみよう。工業製品の製造原価は部材費・労務費・製造経費の3つから構成される。そして売上から製造原価と販管費を引いた金額が利益となる。

原価の構成要素の内訳では、部材費の占める割合が最も大きい。組立型製造業においては一般的に、部材費は売上金額の50%以上の比率を占める。多いところでは70%近くを投入している企業もある。ここではわかりやすいモデルを例にして説明を進めていく。

年間売上100億円の製品があったとしよう。売上高利益率3%で年間3億円の利益を生んでいる。部材費は60%で60億円。労務費は10億円。製造経費は7億円。販管費が20億円を占めているとする（図3）。

図3 部材費低減のインパクト

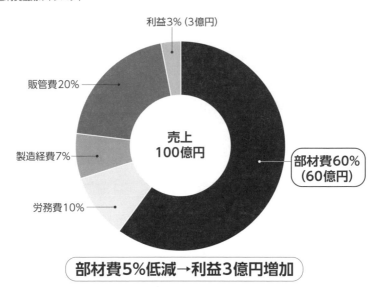

出典：藤田敏「これからの調達部門の役割」（一般社団法人日本能率協会）

ここで利益を3億円増やして、6億円にするという経営目標を立てたとし

よう。利益倍増ということだ。さてこの場合、どこに手をつけることを優先すべきなのか。60億円を占める部材費であれば、5%削減すれば3億円の利益を生み出せる。

そう、たったの5%である！

では、労務費だとどうだろうか。10億円なので30%も削減しなければならない。しかもこの費用は人件費そのものなので、大きな痛みを伴うことは避けられない。製造経費に至ってはほぼ半減の43%低減。販管費だと15%だ。つまり部材費の低減は、他の要素に比べて利益増に影響するインパクトが大きいのである。

とても単純なモデルではあるが、利益アップを目指すのであれば最もレバレッジの効く部材費をまずターゲットにすべきことがご理解いただけるだろう。では、この部材費を最も効果的に削減できる方法は何だろうか。

製品コストの確定段階

『製品コストは設計段階において8割方決まってしまう』

モノづくりの現場では、昔から言われていることである。読者に対しては釈迦に説法かもしれないが、あらためて説明しよう。設計は、要求仕様及び性能を満足するために、諸元（パラメータ）を確定させていく業務である。後工程側の製造方法や部材調達は、ここで確定するスペックに強く拘束されてしまう。そのため、設計確定後に修正を実施する設計変更は、多大なコストと時間を浪費することとなり、やむをえない場合を除いては回避したいアクションなのである。これらのことから、トライ＆エラーが許容され、かつコストファクターとなる諸元の検討余地が大きい設計フェーズで、コストドライバの大半が確定してしまうのである。

しかし、企業におけるコストダウン活動の主役は、調達部門や製造部門が担いがちだ。そのため、先述したようにPLMとコストダウンがにわかには結びつかない。なぜなのか？　理由は明らかだ（合理性には欠けるが……）。

図4 コストは設計段階でほぼ確定

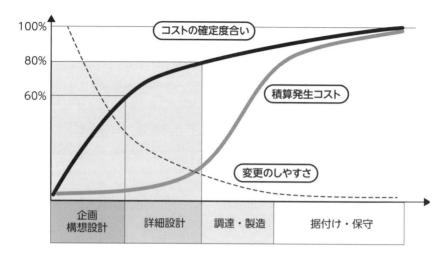

　経営者の視点からすると、設計はブラックボックスでよくわからないうえに、コストという指標ではダイレクトなKPIを示しづらいのだ。そのため、実際にコストが発生する後工程にムチを入れる結論になってしまう。直接的な効果を示しやすく、目標設定もしやすいからだ。

　加えて、設計者自身がコストダウンについては、決して前向きとは言えない意識であることもその一因となっている。設計者の気質として、新機能実現や性能向上などのクオリティをつくり込むことがまずトッププライオリティとなる。そして、その次に意識しているのが納期遵守である。QCDのうち、コストは常に末席の位置づけで、設計者としてはできることならコストを意識せずに好きな部品や材料を使いたいのが本音だろう。

　それでは、どのようにして設計フェーズからのコストダウンを進めていくべきなのか？　その答えは全員設計である。設計者だけにコストダウンの責任を押しつけても絶対にうまくいかない。設計段階から製造・調達・品証と

いったモノづくりにかかわる全部門の知見を結集して、設計のコストダウンをサポートするのである。

具体的には、設計上流から仕掛かり段階の設計データ（図面に落とす前のCADデータ）を関連部門と共有する。いわゆるコンカレントエンジニアリングによるフロントローディングの実現である。言うまでもなく、この実現にはITが不可欠である。設計に3DCADを導入する際、このフロントローディングを目標の1つに設定した企業は多いだろう。しかしコンカレントエンジニアリング（他部門との情報共有）の仕組みを十分に整備しなかったために、掛け声だけで実現できていない企業がほとんどである。それだけならまだしも、インフラを整えずに設計者の負担だけが増加して、フロントローディングならぬフロントヘビーになってしまったという悲鳴に近い声も聞こえる。

PLMの出番である。

PLMでコストダウン、その要件とは？

設計フェーズからの部材費コストダウンをPLMがサポートするためには、重要な要件がある。それは設計仕掛かり段階にある生煮え状態のBOM情報を、PLMがきちんと管理できることである。当たり前にできることと思ってしまいがちなのであるが、実は運用上の制約が大きいPLM製品も多いので、あえて言及しておく。

狭義のBOMは調達・製造といったサプライチェーンの基礎情報として、設計の最終段階で手配用に作成されてきた資材明細表である。しかし原価企画は、設計初期段階から連続的に実施されるものであり、BOMの活用シーンをより上流に求めている。この開発支援ITとしてのBOMを広義のBOMと位置づける。そして本項では出図構成として確定したE-BOMと差別化して、その生成過程にある生煮えのBOMをD（Design）-BOMと呼称する。

設計上流からのBOM活用については、これまでもPLMシステム導入を契機に多くの企業でトライされてきた。しかし実態としては、出図構成として

確定した部品表をワークフローに乗せて、ERPにデータ連携できるようになったというレベルにとどまる場合がほとんどである。これでは狭義の生産手配用BOMをデジタル化したにすぎない。設計者のクリエイティブな業務支援にはほど遠いと言わざるをえない。

では、なぜ広義のBOM（D-BOM）を多くのPLMで実装できないのか？第1には、品番未採番状態にある新規部品が混在したBOMを表現できないPLMがあるからである。多くの国内製造企業では、新設される部品の品番は設計最終工程である出図の段になってようやく採番される。しかし構想設計から詳細設計に至る設計仕掛かり段階を可視化するとともに支援するためには、この採番を待ってはいられない。

第2に、CADと連携していない点である。設計のメインシステムであるCADは聖域化されてきた経緯があり、従来はそのアウトプットである図面をいかに扱うかという点にのみ着目されてきた。しかし、3DCADでアセンブリ構成を作成する作業は、BOMを作成する作業そのものであり、連携すること自体に支障はない。問題は設計仕掛かり段階から連携するための品番未確定モデルの表現であり、第1の課題に帰着する。

図5 D（Design）-BOM

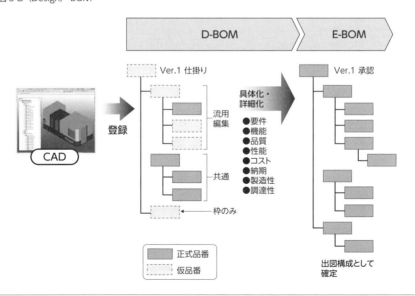

結論としては品番未確定の新規部品も混在する3DCADデータから、シームレスに構成を取り込むと同時に、自動で仮品番を振り当てることができれば、D-BOMは表現できる。これを簡単にできるPLMシステムが意外と少ない。「簡単に」という点がポイントで、原価企画用途でPLMシステムを選定される場合には、この手順に着眼されることを推奨する。

column
PLMとCAD、なぜ分断されているのか？

　PDMやPLMといった言葉の普及とともに、BOMは技術情報DBとして位置づけられ、設計者を支援する役割を期待されてきた。しかし現実には掛け声だけで終わってしまっている。PLMシステムはそれ以前の図面管理システムから活用シーンを変えることなく運用され、設計から製造へと工程が引き継がれる段階になって初めて手配のために使用される例が多い。設計者がPLMを「後工程のための手配システム」と認識してしまうゆえんだ。

　BOMを構想設計や仕掛かり段階から活用することによって、実績のある設計資産が積極活用され、フロントローディングでQCDが向上する。この着想に異論を唱える者はいないだろう。しかしBOMをDB化し、品目属性情報を整備して、設計変更情報を管理すれば、設計上流フェーズからのBOM活用が実現するという仮説は、PLMベンダーの虚言にすぎなかった。

　これはベンダー側に大きな責任がある。ただ製品構成情報を電子化しただけで、設計途上で運用することを設計者に動機づけるような仕組みや仕掛けはなく、ユースケースは従来のE-BOM/M-BOM作成しか想定されていないのだ。ここでポイントとして欠落している要素がCADとの連携である。

視点を変えよう。モノづくり情報の起点であり、設計者がそのアイディアをカタチとして最初に表現するものはCADデータである。CADは歴史的には作画ツールとして生まれたものだが、90年代以降は3Dの普及が進んでいる。製品構成情報は3DCADでの設計が完成した時点で結果として存在しており、それをダイレクトにBOM情報として反映することが最もシンプルな連携である。しかしこれをわざわざ回避して、CADとPLMを繋げない事例が多い。なぜなのか？

　その答えはPLMが生産側の都合で導入されているという事情によって説明できる。大半のPLMシステムは、生産管理システムのフロントエンドとして、情報システム部門の主導で導入されている。だがCADについては技術管理部門の主管となっていることが多く、情報システム部からは管轄外のITになっているのだ。かたや設計部門も、PLMシステムと言えば情報システムがその責任を負うものであるとの認識から、自らが使うシステムであるにもかかわらずその選定・構築には積極的な関与を避けてきたのである。

　もう1つには未だ図面文化から脱却できず、3Dモノづくりが定着しない日本の製造現場にその要因がある。3Dで設計していても、製造現場は図面がないとモノがつくれないというので、わざわざ紙図面にその情報を転写しなければならない。それどころか、設計でも未だに2DCADしか使っていない企業も存在する。

　だが、学生時代から当たり前に3DCADを扱ってきた平成生まれの若手エンジニアが、そのような職場環境を受け入れられるだろうか。また、グローバルにビジネス展開するには、モノづくりを自社だけで完結することは難しく、調達や製造でも海外企業との取引を余儀なくされる。その際、2次元図面にこだわっているのは日本くらいなもので、グローバルでのモノづくり水平分業には3Dが参入要件と言っても過言ではない。

図 6 3DCAD と密連係した PLM

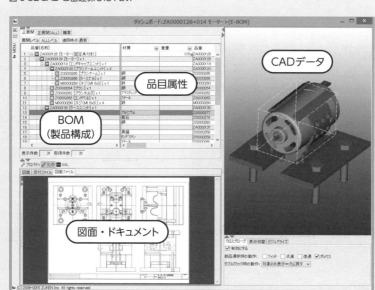

　このような事情から CAD と PLM の連携を未だに実現できていない企業も存在するのだが、その企業の今後 10 年を見据えたとき、昔から言われている「データの一気通貫」くらいは実現できなければ、生存競争は厳しいものになるだろう。

設計フェーズからのコストダウン、2つのポイント

　では本題に戻り、設計フェーズからの部材費コストダウン実現に向けた取り組みのポイントを挙げよう。大きくは2つである。
① 原価見積の高度化
② 部品標準化の推進
　以下、それぞれについて解説を進める。

まず「原価見積の高度化」であるが、どの企業においても少なからず課題を感じている業務ではないだろうか。複数パターンを立案し、価格以外の条件も勘案してベストの方式に絞り込む。とりわけBtoB企業においては、引き合い段階におけるこの見積のスピードと精度が、受注に直結する。この一点だけを取っても、BtoB企業が見積業務をIT武装化しなければならない十分な理由になる。

構成部品は使用実績がある登録済部品と新規部品に二分できる。またそれぞれにおいて、自社オリジナルの専用部品なのか、電子部品やネジ等の規格購入品なのかで、さらに二分されて4つに分類できる。

図7 原価見積の高度化

部品種別		原価見積時の適用原価
登録済部品	専用部品	標準原価(実際原価をベースに定期的に更新)
	購入部品	標準原価(実際原価をベースに定期的に更新)
新規部品	専用部品	類似登録済部品の原価をベースした見積原価
	購入部品	サプライヤからの見積

- ITによる原価見積の迅速化(複数パターンの見積検討)
- 標準原価を固定化せず定期的かつ継続的に見直し見積精度向上
- 新規部品の見積原価算出ルールの策定

このうち、まず登録済部品については、専用品・規格購入品ともに個々の標準原価を見積単価に採用することが一般的だ。このコスト情報はERP側で管理されており、原価見積をPLMで実施する場合には、システム間連携によって情報をコピーしてくることになる。

ここでよく耳にする問題がある。見積に使用する標準原価が一度設定されたきり全く更新されず、実際原価との乖離を放置している企業があるのだ。つまり「今つくれば」「今買えば」いくらになるのか、正確な情報で原価見積ができないことになる。これでは現場の地道な改善努力が、受注競争力の強化に繋がらない。まずは標準原価を定期的継続的にリフレッシュして、見積

精度を向上することが、高度化への一歩めとなる。

次に新規部品だが、この取り扱いが原価見積を難しくしている。規格購入品に関してはサプライヤから見積を取得して、ひとまずその金額を見積単価として採用する。そして専用部品については類似している登録済部品の実際原価を参考にして見積単価を算出していることが一般的だ。新規なので当然であるが、予測の見積単価となる。予測ということは人によってバラつきが生じてしまう。まずはこのバラつきの排除がスタートになる。見積単価の算出基準を規定し、自社部品のコストテーブルを構築するのだ。

中小企業の中には、見積業務を特定のベテランエンジニアに専任させている例も少なくない。これは当然のことながらリスクが高い。中小の場合はBtoBの企業が多いので、受注活動の根幹となる引き合い見積業務を一点集中させていることになる。

このエンジニアが突発的に離脱することになれば、営業活動において致命的なダメージをこうむってしまう。即刻、そのノウハウをコストテーブル化して展開し、属人性を排除すべきである。この取り組みには経営的な効果も大きい。引き合い見積の対応数を増やせるので、受注案件増加すなわち売上増加にも繋がる。

この新規部品の原価が最も不透明で、かつコスト上昇要因としての影響が大きい。コストテーブルの設定によって見積精度のレベルを平準化したとして、さて、コストダウンにはどのように取り組めばよいだろうか。

部品標準化の推進

その答えがもう1つのポイントとして提起した「部品標準化の推進」である。部品標準化とは、種別及びレンジごとに標準的に使用する部品を規定し、複数製品を横断した部品の共通利用を促す取り組みである。この活動は結果として、無駄な新規部品発生を抑制することに繋がる。新規部品の使用比率を下げることは、様々な恩恵をもたらす。

- 登録済部品で見積もることによる精度向上とスピードアップ
- 規格購入品であれば集中購買促進により部品購入額を低減
- 専用部品であれば、量産効果によるコストダウンと品質向上
- 評価費用や保管費用、保守パーツ在庫など新規部品採用に付随してかかるコストの抑制
- 新規部品採用により誘発しうるトラブル対処コストの抑制

　部品やユニットの標準化・共通化を推進していくことの重要性は今さら言及するまでもなく、普遍的に認識されている。コストや信頼性においてチャンピオンと評価された設計資産を全社的に共通利用し、その比率を高めることで新規設計を競合差別化ポイントのみに限定する。

　この新規設計比率の減少により、設計期間のみならずTime to marketも短縮でき、エンジニアリングチェーン全般での生産性が向上する。とりわけ、多品種化が爆発的に進行している企業にとっては必須の取り組みといってよい。

図8 部品標準化

- ●無駄な新規部品の発生を抑制＝新規部品登録件数の削減（新規部品のコストが最も不透明で、かつ原価上昇要因になりやすい）
- ●集中購買や量産効果による部品単品コストの低減

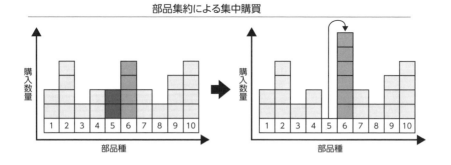

部品集約による集中購買

部品標準化については、BtoCの大量生産企業にしか効果がないという誤った見解を耳にすることがある。BtoB多品種変量生産企業で標準化を推進しようとすると、「個性がなくなり、金太郎飴のようなラインナップになってしまう」「共通部でトラブルが出たときの影響が大きすぎる」「当社は生産数が少ないので、共通化によるコストダウン効果が薄い」と、否定的な意見が必ず出てくる。そこまで課題がわかっているのなら、そうならないように手を打つのは比較的容易だと思うのだが……。

　基本的にこの種の意見を述べる人には、"現状維持"を是としたい消極的なマインドが根っこにある。しかし本当に現状維持のままで、その企業は厳しい外的環境下で淘汰されずに勝ち残れるだろうか？「言いなり受注のその都度設計」のままで、なんら問題を生じないパワフルな企業であれば、当面は乗り切っていけるのかもしれない。しかしながら、それほどの優れた設計製造能力を持つ企業であっても、標準化の必要性を否定できるものではないと考える。

　産業機器製品のライフサイクルに着目してほしい。デジタル家電のような短命ではなく、10年20年と保守しなければいけない生産財が多い。一度納品した製品の構成部品は長期にわたって保証しなければならないわけだが、多品種化は事業の方向性として不可避であり、指数関数的な保守部品数の増加を放置すれば、将来的にメンテナンスが破綻することは明白だ。設計からはあまり目の届かないところで、保守パーツの在庫量や廃棄コストが増大しているというお話は、経営者の方からよく伺う。このことからも、BtoB製造業各社にとって部品標準化は必須の取り組みといってよいだろう。

　もちろん新規部品を使うなと言っているわけではない。競合差別化や新機能実現に当たっては、やはり新規部品の採用は避けられないし、製品市場において勝負をかける尖った部分の開発においてはむしろ積極的に使うべきだ。ただ、新製品とはいっても、大半の要素は過去からの転用あるいは流用で実現しているだろう。新規部品は替えがきかない箇所の使用に絞り、それ

以外は実績ある登録済部品を極力採用する意識づけが必要だろう。

部品種別に応じた標準化支援IT：エレキ部品

　構成比率の差こそあれ、エレキ要素を含む組立型製品は多い。いわゆるエレクトロニクス製品というカテゴリではないとしても、例えば工作機械などでは、コントローラ部など一部ではあるが重要なファンクションをエレキが担っていたりする。また、IoTの進展は、これまでエレキに縁がなかった製品にも、その使用を波及させていく可能性を秘めている。

　本題に入ろう。エレキ部品は、そのほとんどが規格購入品と言える（プリント基板など一部の専用部品はある）。対してメカ部品は、ネジやボルトなど一部の規格購入品はあるものの、中心となるのは自社の専用部品である。部品標準化を推進するに当たっては、この両者の特性の違いを考慮しなければならない。

　まずエレキ部品については、規格購入品であるがゆえに、同一スペックの部品が複数のサプライヤから販売されており、調達における選択肢が豊富にあることが特徴だ。それゆえに標準化によって調達先を一本化する取り組みは進めやすいし、集中購買によるコストダウン効果も想定しやすい。

　このエレキ部品標準化を支援するITとしては、BOM上での部品自動選定機能が有効である。回路設計段階で確定された乗数や定格などのスペック情報を検索条件として、登録済部品の中から該当する部品を自動で選定してくるのだ。この際、条件にヒットする部品は複数出てくる（同一スペック異メーカー）ので、絞り込みが必要だ。この絞り込みルールをシステムに組み込むことで、属人性が排除されて標準化が進む。

　絞り込みルールの例としては、「最安価な部品を選ぶ」が最もシンプルだろうし、効果も明確だ。このルール設定に、状況に応じた調達部門の意思を反映させることで、戦略的に標準化を進めることもできる。例えば、余剰在庫を抱えてしまった部品を優先的に引き当てさせることも可能だろう。

図9 最適部品の自動選定

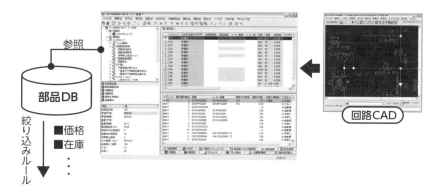

　ただ、気をつけなければいけないのは一極集中によるリスクだ。2011年には東日本大震災とタイ洪水により、サプライチェーンはズタズタに寸断された。特にエレキ部品への影響は大きく、部品供給が途絶したことによる工場の操業停止が連日報道された。専用部品であれば、天災による影響は致し方ない面もあり、リスクも勘案した安全在庫の設定もやむなしといった結論になろう。しかしエレキ部品は規格購入品であるがゆえにディスコン（生産中止予告）によるラストバイでもない限り、余剰在庫を抱えることは避けたい。

　やはり集中購買による原価低減は進めながらも、一定量のセカンドソースは確保しておくべきである。この集中と分散のバランスをいかにうまく取れるかが、各社調達戦略の腕の見せどころとなる。代替部品設定や代表品番による多社購買などの調達戦略については、設計段階から推進していく必要がある。PLMにも当然機能として実装されるべきものであるし、ERPとも緊密に連携することが肝要だ。

部品種別に応じた標準化支援IT：メカ部品

　一方のメカ部品であるが、中心となるのは自社専用部品である。実はこの領域の標準化を進めることはとてもハードルが高かった。規格購入品であれ

ばスペックを記載した文字や数値の属性情報だけでも、共通項を見出し、名寄せして標準化を進めることが可能である。また、その情報は規格品であるがゆえに必要十分な情報がメーカーから提供される。つまりBOMさえ整備すれば、標準化の第一歩は踏み出せるのである。

しかしメカ専用部品の場合はそう単純ではない。形状情報を抜きにして、数値や文字情報だけでメカ専用部品を表現することは不可能である。正確には、他者が理解できるように表現することが、とてつもなく困難なのである。

設計者が図面を描く理由は、頭の中にあるアイディアを他者に伝えるためであるが、この時点で情報は絵なのである。寸法や公差など数値情報も確定されるが、中核となる情報はあくまで形状、つまり絵なのである。この帰結として電子部品ならBOMだけで生産手配が可能だが、メカは形状情報が必須となってしまうのはやむをえないことなのである。

図10 メカ部品は形状が機能そのもの

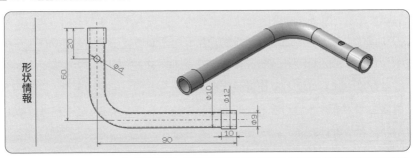

この課題に真正面から取り組んで成果を上げたのが、モジュラーデザインである。モジュラーデザインとは、諸元ごとに選択される部品群をあらかじめ認定しておき、組み合わせ設計でバリエーション展開していく手法のことである。マスカスタマイゼーションを体現する画期的なメソッドとして、2000年代以降、国内でも多くの企業で取り組みが進められてきた。

　モジュラーデザインそのものについては、様々な文献において解説されているので本書では詳述しない。ITの視点でモジュラーデザインを支援するツールと言えば、それはコンフィグレータという機能である。コンフィグレータは、要求仕様に対応する諸元を選択すると該当するモジュール（部品群）が引き当てられ、その組み合わせにより製品構成すなわちBOMを生成する。多くのPLMパッケージにおいてはオプション機能として位置づけられている。

図11 コンフィグレータ

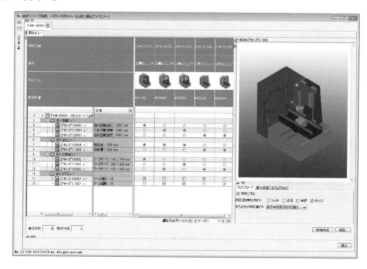

　ただ、このコンフィグレータ機能は、モジュラーデザインの定着化は支援するが、取り組みそのものを推進するものではない。ITの出番は本当に最後

の展開フェーズだけで、それ以前に自社製品のモジュラー化というとても大きな課題をクリアしなければならない。自社製品のアーキテクチャそのものを棚卸しして個別部位化（ユニット化）していく作業には、専門コンサルタントが投入され、多くの時間が費やされる。

デジタル家電やPCのように、すでに各ユニットの役割が明確かつユニット間のインターフェースが標準化されている製品であれば、取り組みは比較的スムーズである。だが、多くの製品についてはすり合わせの蓄積によって成立しているため、それを複数機種で共通に適用できるよう再構築していく道のりは険しいものになる。この一番大変な検討作業については、ITが支援できる領域ではない。

また、モジュラーデザインを展開するうえでの難しさについても触れておきたい。BtoCへの親和性は高いが、仕様決定権を顧客側が握っているBtoB企業への適用については、営業も一体となった難しいチャレンジになるだろう。一部のPLMベンダーは、「顧客を自社仕様に誘導することでモジュラーデザインの恩恵を享受できる」という甘言を囁く。しかし、競合とのし烈なコンペの只中において、そんな理想的な大技が綺麗に決まるものだろうか。

モジュラーデザインは部品標準化の施策において最高レベルのものであるが、その適用は容易ではない。そこでPLMの出番である。モジュラーデザインほどドラスティックではないまでも、メカ専用部品の標準化に効果を出すIT機能とはいかなるものか。

いたずらに新規部品を増やしていないか？

モジュラーデザインは、今後の新規設計を新設されたモジュラー部品の採用へと切り替えるというもので、過去の設計資産にこだわらず、新たにリセットする考え方だ。前述した規格購入品の標準化とは異なるアプローチである。それならば規格購入品の場合と同様に、専用部品においても実績のある設計資産の共通利用を推進するという進め方も考えられる。むしろこちら

のほうが、標準化の王道だ。

　この王道を推進するうえにおいて、ITを有効活用しない手はない。なぜならば、新たな何かをクリエイトするのではなく、すでに蓄積されたデータを活用するという、ITが最も得意とする分野だからだ。

　設計者が新規部品を設計する理由はもちろん前向きなものが大半であるが、中には「探すよりもつくったほうが早いから」という理由で新設図面を起こしてしまうこともある。ある調査では、新部品発生理由の5位がこれだと言う。しかし、現場の肌感覚としてはもっと上位に来る企業が多いのではないかと思う。

　このとき、設計者の頭の中では、今回の要求スペックを満たせそうな登録済部品が存在することを認識しているし、使いたいとも思っている。しかし、それを見つけ出す仕組みがないのだ。記憶の範囲で検索したり、周りの人に聞いたりするが、容易にはたどり着けない。そこで仕方なく、新規で図面を起こすという結論になってしまうのだ。同じスペックであるにもかかわらず、似たような部品が多く存在するという状態は、読者にも心当たりがあるのではないだろうか？

　これこそITで解決すべき課題である。この課題は、PLMにおいて属性情報だけではなく、形状という側面からも部品検索できるようにすることで解決できる。前述したように、メカ専用部品は文字や数値といった属性情報からのアプローチだけでは所望の部品にたどり着けない。形状を確認することで、初めてその部品の素性が明らかになるのだ。

　手順としては、まずイメージする形状を3DCADでラフスケッチする。そしてその簡易モデルを条件としてPLMで類似形状検索を実行すると、システムが登録済部品の中から形が似ていると判定した部品を抽出してきてくれる。複数候補の中からは、属性情報による絞り込みを行い、所望の部品にたどり着くという流れだ。このような機能の実装により"簡単に探せる"という状況になれば、「探すよりもつくったほうが早い」という発想にはならないだ

図12 類似形状検索

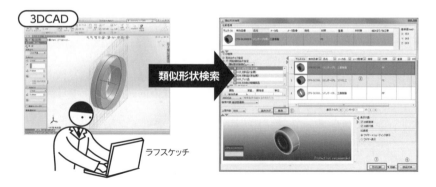

ろう。設計段階での部品再利用率は間違いなく上昇する。

この形状検索機能だが、CADのアドオンツールとして販売されているものは、逆に新規部品の増加を招くことになるので注意が必要である。すなわちPLMシステム上に実装されていることに大きな意義がある。PLMでは品目DBが連携しているため、コスト・納期・在庫などの生産情報や関連ドキュメントも即座に参照できる。設計変更履歴をたどれば、設計の意図や根拠を確認できるし、逆展開すれば、どの製品で使用されているのかが把握できる。

つまりPLMシステム内にあることで、検索結果から関連する情報をワンストップで確認することができるのだ。いかに形状的にマッチした部品が見つかったとしても、設計者はそれだけでは「使おう」とは思わない。その部品のできや実績をオーディットしてから判断するわけで、その調査がスピーディに行えることは非常に重要な要件だ。

これに対してCADアドオン検索ツールの場合、検索対象は当然のことながらCADデータであり、ヒットしたパーツはCAD上で参照される。別名保存で新設データを起こす流用設計を行ううえでは、非常に便利な機能だ。CAD上なので、すぐに編集作業に移れる。設計者のオペレーション効率化という点では有用であろう。

ただ「流用設計」と言えば聞こえはいいが、その本質はお手軽な編集設計であり、新規部品を安易に生み出す温床になる。したがってCADモデルをダイレクトに検索することは、そもそも狙いと相反することになってしまうのだ。PLMにおける類似形状検索機能の狙いは設計業務効率化ではなく、無駄な新規設計を抑制することで全ての部門において生産性を高めることにある、ということを強調しておきたい。

　この類似形状検索機能には、副次的な効果も期待できる。上述した設計者が利用する手順では、CAD上でのラフスケッチをトリガーに検索を実行したが、もちろんPLMに登録された設計データに対して類似形状検索を実行することも可能だ。実際に、CADを持たない設計以外の部門でも運用することで効果を上げている事例がある。例えば、調達や製造からバリューエンジニアリング提案（VE提案）を行う活動においても活用されたりしている。より安価な部品や、よりつくりやすい部品への置き換え提案が、類似形状検索を活用することにより活性化している。

図13 類似部品の使用分布モニタ

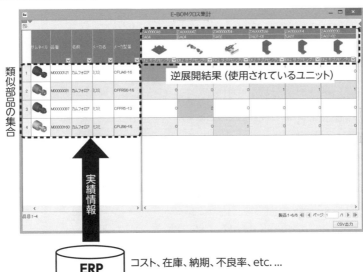

部品使用分布の見える化

　PLMの類似形状検索機能を使えば、類似部品が社内にどれだけ存在しているのかが即座に明らかになる。中には重複して登録されていることが露見する部品もあるだろう。後工程側の生産サイドからすれば、そのような状況は日々の業務を通じて認識できている。だが、設計にとっては、見えない情報なのだ。PLMが導入されることで、誰もが簡単にサーベイすることが可能になり、リアルタイムで状況が露わになる。

　この類似部品群を名寄せすれば、メカ専用部品においても部品標準化は大きく前進する。量産効果でコストが低減されるとともに、品質が安定し故障コストの発生も抑制できる。この取り組みを進める際に、PLMで有効な機能が逆展開である。逆展開機能とは、ある部品がどのユニット／どの製品で使われているかを検索してくる機能である。言い換えると、部品を条件にしてBOMを検索してくるわけだ。

　類似部品の集合に対して、それぞれに逆展開をかけてマッピングすれば、部品の使用分布や共用度合いがモニタリングできる。この処理を一括でできる機能があれば、よりスピーディに結果を得られる。

　類似部品の中でも、個々の使用実績には差が生じているはずである。多くのユニットや製品で共用されている部品（逆展開すると複数件がヒット）がある一方、単一の製品にしか使われていない部品（逆展開すると1件だけがヒット）も存在するだろう。この情報から、共用されていない単独使用部品は使用中止にして、他の共用実績豊富な類似部品に置き換えていこうという判断ができる。

　では、それをどの部品に名寄せしていくかという検討になると、使用分布の情報だけでは絞り込みが難しい。そこにコスト、在庫、納期、不良率といったERPからの情報も付加し、QCDの総合ポイントが高い部品をチャンピオン（推奨部品）として認定するのである。さらにこの得点化ロジックを

PLMに実装すれば、時勢に応じた推奨部品の自動認定も可能だ。全ての部品種にこの自動化を適用するのは乱暴にすぎるかもしれないが、コスト変動の激しい材料を使用している場合などには、恣意的な要素を排除できる自動認定のほうがかえって有効かもしれない。

IT抜きには語れない部品標準化推進

メカ専用部品の標準化を進めるメソッドは、モジュラーデザインが最も高度で、かつ効果も最大であることに異論はない。ただ、モジュラーデザインまでいかなくとも、部品標準化を推進する手段として、類似部品検索手段の提供と推奨部品認定があることを提言した。この2つの取り組みに関しては、当該機能を有するPLMシステムさえ導入すれば即実現可能である。

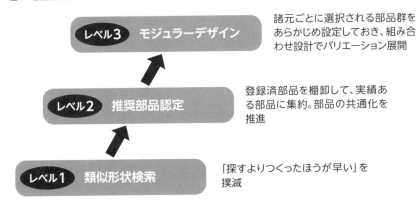

図14 部品標準化の3レベル

もしこの取り組みを、PLMを導入せずに実施しようとすると大変な労苦を伴うこととなる。まず類似部品を集約するだけでも、全ての図面を横並びにして仕分けする大変な作業になる。仮に所有するCADに類似形状検索機能があったとしても、使用実績のある部品だけを抽出したいこのシーンでは役に立たないだろう。PLMで管理されていないCADデータは、品番や図番と

の紐付け管理ができていないからだ。無数のジャンクデータや仕掛かりデータも混在してヒットしてくるので、より仕分けが煩雑になるだけである。

推奨部品認定になるとさらに深刻である。形状差異を比較するとともに、コストや適用製品、出荷数、不具合情報などの実績情報を加味して、QCD全般において総合得点の高い部品を選び出す。図面やCADに存在する形状情報と、主にERPシステムに存在する実績情報、この両者の情報を突き合わせる行為なのだが、PLMがなければこの情報は分断されているので人海戦術となる。莫大な工数とともに、時間もかかる作業であることは想像に難くないだろう。ここではERP実績情報がとても重要になるのだが、この情報は日々更新される可変的なデータである。システムから出力してExcelに落とした途端、リアルタイム性を喪失してしまう。つまり時間がかかってしまっては意味がないのである。

メカ専用部品の標準化を推進するうえで、3DCAD、ERP、そしてPLMは、どれ1つとして欠けてはならない必須のITだと言える。

PLMを活用した原価シミュレーション事例：
ローレルバンクマシン株式会社

PLMの役割を設計業務の効率化だけにとどめることなく、コストダウンにこそ活用すべきだということが、ご理解いただけただろうか。

ここで、PLM上に高速な原価シミュレーション環境を実装し、原価企画業務の高度化を実践している、ローレルバンクマシン株式会社の事例を紹介する。ローレルバンクマシンは、通貨処理機の専門メーカーとして70年以上の歴史を持つ老舗企業である。

同社では従来、設計終了時に試算する設計見積原価が企画段階での目標原価をオーバーし、なかなかクリアできない課題を抱えていたのである。PLM導入前のコスト集計業務は、開発担当者にとって多大な労力と時間を要するものであった。そのため、設計途上においてコストの重要性は認識しながら

も、原価把握がどうしてもあと回しになってしまうことが常態化していた。結果として、詳細設計完了後の見積で目標原価オーバーが露呈し、そこから購買など他部門を巻き込んだ対策が講じられることになっていた。しかし、この段階に至っては打ち手が限られるし、残された時間も少ない。結局、目標原価をクリアできずに、製造工程に流れてしまうこともあったという。

　そこで同社では、企画段階からの原価遷移をリアルタイムに把握できるようにすることで、問題の解決を図った。具体的には、原価見積の自動化を実現したのである。ポイントとなったのは、PLMとCADの密連携である。

　同社ではまず、新規のメカ専用部品について、加工種別ごとに独自のコストテーブルを作成した。このテーブルにはコスト算出用の計算式が組み込まれ、PLM原価見積のバックエンジンとして実装された。ここに材料・板厚・寸法・質量・周長・穴数などの設計諸元を投入すれば、新規部品の見積単価が即座に算出される。そして、これらのパラメータを設計者が手入力するのではなく、3DCADから自動登録される仕組みを構築したのである。

　3DCADの大きな特徴の1つとして、パラメータが3Dモデルに組み込まれていることがある。このため、設計諸元となるデータの抽出を機械的に実行することが可能になる。逆に2DCADの場合、絵と文字の情報はバラバラに存在して、人手で結びつけている。設計者が数値（文字情報）として記載しなかったパラメータを抽出することも不可能である。設計情報をデータとしてCAD以外のシステムでも活用できるようにするには、3D設計が大前提となる。同社ではPLM導入時にはすでに、3DCADでの設計が定着していた。それゆえ設計者は今まで通りにCADで設計すれば、PLMが即座に新規メカ部品のコストを自動算出してくれるようになったのである。もちろん、CADデータ内に複数の新規部品がある場合でも、そのデータをPLMに読み込むだけで、一括でコストを算出できる。

図15 原価シミュレーション

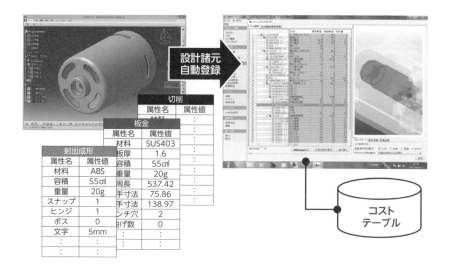

　この改革は劇的な効果を生んだ。コストシミュレーションを手間なく迅速に実施できるので、設計上流段階から開発者が適宜コスト状況を確認しながら進めるプロセスが確立した。設計がまだ"柔らかい"上流段階であれば、色々な打ち手を講じることが可能である。目標原価の遵守率は飛躍的に向上した。さらに設計者のコスト意識が高まったことで、部品標準化が進展し、コストダウン効果も生まれている。

　この事例は、実に示唆に富んでいる。シミュレーションという"予測"を設計現場に導入する際、その精度をどこまで追求するかが必ず議論となる。今回の事例はコストシミュレーションであるが、構造解析や電磁界解析などのCAE[*1]でも常に同様の議論が展開される。言うまでもないことであるが、精度を極めるには、それ相応の豊富なインプット情報と、計算能力の高いコンピュータリソース、そして何よりも"時間"が必要になる。

　研究開発ならまだしも、納期が厳格な製品設計のプロセスにおいて、いたずらに時間をかけることは許されない。むしろこの時間という有限資源を、

---

*1 CAE=Computer Aided Engineering：コンピュータを用いた仮想試作、仮想試験

よりクリエイティブな業務に振り向けたいという意識が働くのは前述の通りである。同社は、徹底的な自動化により即座にシミュレーション結果を導き出す"スピード"にこだわった。そして、精度の追求は捨てたのだ。この英断がプロジェクトを成功に導いたのである。

シミュレーションを実施した段階で、目標金額を守れそうなのかどうかさえ見込みができればよいのだ。いくら超過しそうなのかという具体的な金額の信頼性が乏しくとも、このままではオーバーしそうだということさえわかれば、エンジニアの気質として「なんとかしなければ」と設計者魂に火がつくものなのである。

そしてコストテーブルによって、部品のコストファクターが明確になっていることも大きい。板厚や穴径の変更などコストダウンを意図した修正をCADで実行すれば、また即座にシミュレーションで結果を得られる。類似形状検索機能を使って、より安価な登録済部品に置き換えるという選択も取れる。設計者に手間をかけさせず、ITを駆使してコストコンシャス設計を定着させた、見事な事例である。

余談ではあるが、この改革の結果として、設計リードタイムも大幅に短縮された。新規部品が多い製品では100点近くに達する場合もあるという同社において、これを1点ずつ人手で算出していく作業は想定以上に設計工数を圧迫していたのだ。コストダウンを狙った改革であったが、波及効果も生まれている。

column
昨今の労働環境とPLM

　少子化による人口減少は、製造業においても深刻な人手不足を招いており、様々な負の影響を及ぼしているが、その1つに技術・技能伝承の問題がある。空前の売り手市場を背景に、どのメーカーも人材採用には苦慮し

ている。しかも、せっかく労力をかけて採用した若手技術者が、わずか数年で会社を去ってしまう早期離職率も高止まり傾向が続いている。もちろん要因は様々だろうが、重大なものの1つに、若手の育成がおざなりにされている現場環境の問題がある。

　以前の設計現場には、熟練エンジニアが徒弟制度のような関係で時に厳しく若手を指導したり、大部屋でのデザインレビューで皆が共同で解決策を考えたり、といった成長を促進する環境があった。集合教育やセミナーではなく、まさに現場に息づく知恵として、熟練エンジニアから若手へとそのナレッジが伝承されていたのである。しかし人手不足は、熟練エンジニアからその余裕を奪った。

　中堅以上のエンジニアは日々の業務に忙殺され、人材育成にかける時間を捻出できない状況にある。そのため、若手エンジニアはなかば放置される状態となり、自身の成長を実感できないまま徐々に疎外感を強めてしまう状況を生んでいる。

　PLMは、彼らに設計データを通じてコミュニケーションできる、サイバー空間での大部屋デザインレビュー環境を提供できる。IT上であれば、お互いの時間を拘束することなく、インタラクティブな意見交換が可能になる。

　また、過去の設計資産は全て構造化・体系化されたデータベースに格納されるので、若手が自ら検索してノウハウを獲得することも可能になる。図面に代表される社内公式文書の保管はもちろんのこと、設計意図、設計変更理由、実験データ、サプライヤとの取り交わしなど、その根拠に至るまで全てアーカイブされているため、若手設計者はこれらのナレッジを容易に自分の設計へと反映させることが可能になる。

　他方、人手不足の解決策として、政府から外国人労働者の受け入れ拡大方針が示された。外国人との協働において避けて通れないのがコミュニケーションの問題である。製造業においては、「図面」を通じて設計情報が

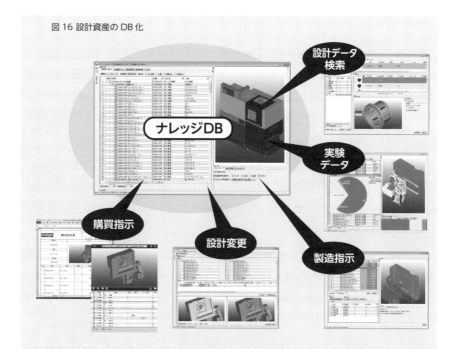

図16 設計資産のDB化

伝達される。ところが従来の2D紙図面の読図には一定のスキルが必要であり、さらにその表現様式には各企業の文化が色濃く反映されてしまっている。言語コミュニケーションと同等の高い壁がある。3D設計データは、この課題を一挙に解決する。3Dが持つ視認性や具体性は、正確で淀みない情報共有を担保し、外国人労働者の早期定着化にも貢献しうるだろう。

固定費マネジメントへの貢献

ここまでコストダウンにフォーカスしたPLMの効能について説明してきた。部材費が製造原価の大半を占める組立型製造業において、PLMが本来果たすべき役割が原価低減にあることをご理解いただけただろうか。ただ、こ

れが全てではない。ここまでの話はコストの中でも、変動費削減という側面に終始してきた。変動費とはつまり、売上の増減に比例する費用のことで、活動原価（アクティビティコスト）とも言われる。部材費は、製造しなければ発生しないコストで、代表的な変動費である。では、変動費とは対の位置づけである固定費に着目した場合、PLMはそこにも切り込めるものなのだろうか。

固定費とは、売上の増減にかかわらず発生する一定の費用のことであり、人件費や地代、減価償却費などがこれに当たる。モノづくりを開始する前から発生するものであり、事業を営むに当たっては、操業していなくても支払いは発生する。

製造業においては、つくる量に応じて増えるのが変動費で、つくる種類（製品ラインナップ、機種数）が増えれば固定費が増加しやすいとも言われる。変動費が量と必ず正比例することに対して、固定費と種類数の関係は必ずしもそうとは言えない。すなわち制御可能なのである。ここに強い意思を反映し、固定費の増加を抑制する取り組みが、固定費マネジメントである。

部品標準化のもう1つの意味

PLMの最新機能をフル活用すれば、部品標準化は規格購入品のみならず専用部品にも適用できることは前述の通りだ。そして、部品標準化は実績ある登録済部品の使用量を増加する取り組みだ。内作の専用部品において、使用量の増加は製造設備の稼働率アップを意味する。

設計段階における原価改善というと、材料変更のような単品コスト視点からのみ実施される傾向が強い。しかし、標準化を意識せずにわずかな仕様違いで似たような部品を新設していけば、新たな金型や設備への投資を誘発することになる。すなわち固定費も上昇していくことに繋がるのだ。これを抑制する部品標準化は、変動費のみならず、固定費マネジメントにおいても効果のある取り組みだと言える。

ここで、「部品標準化は BtoC の見込量産型製造業にしか効果がない」という見解を述べる BtoB 企業の方（つまり自社の部品標準化推進に反対する方）に、重ねて反論させていただく。一般的に、少量生産の BtoB 企業は大量生産の BtoC よりも、製造原価に占める固定費の割合は大きくなる。図 17 のように生産量に比例することなく常に一定を維持する固定費に対して、変動費は生産量の増加に呼応して増え、原価に占める割合は大きくなる。BtoC はヒット商品が出れば固定費など意識しなくてよいほどに生産量が増えることも起こりうるのだ。これに対して BtoB は受注によってあらかじめ生産量は決まってしまう。またその数自体も BtoC に比べて圧倒的に少量となると、固定費の割合が大きくなるのは当然のことである。つまり固定費割合が大きい BtoB にこそ、部品標準化の恩恵は大きいのである。

図 17 固定費と部品標準化

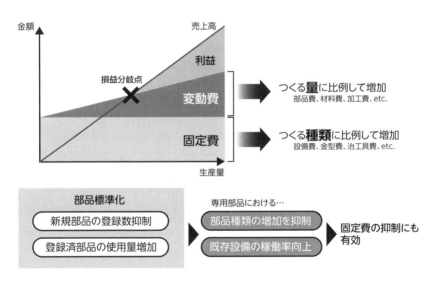

固定費マネジメントを支援するためのPLM

　前項においては、部品標準化を通じた固定費マネジメントへのPLMの効用を説いた。ただ、これはほんの一部にすぎない。PLMには近年、BOP（Bill of Process）という機能要素が加わった。BOPはその名の通り製品の組み立てや加工における製造プロセスを表現するモジュールである。工程表をイメージしていただければよいかもしれない。昨今のPLMではこのBOPがM-BOMを補完する位置づけで実装されている。従来タイプのPLMでは不十分であった生産管理用BOM作成の役割を全うするとともに、ERPとのシームレスな連携を実現し、製造工程のプロセスフローを精緻に表現できることが特徴である。このBOPという機能が実装されたことで、固定費マネジメントにおいても、PLMが大きな役割を果たすに至ったのである。

　従来のPLMにおいて生産とのタッチポイントはM-BOMのみであった。PLMにおけるM-BOMとは、製造や調達を意識したくくりでツリーを構成するBOMのことである。内外作区分や中間在庫といった単位でユニット展開されることが一般的である。だが実態として、M-BOMの表現形式は各社各様といってよく、規定があるわけではない。BOPが登場するまで、PLMではこのM-BOMが唯一、製造（つくり方）を表現するものだった。

　固定費マネジメントを実践するうえで最大のポイントは、製造工程の把握である。設計するうえで、新たな設備の増加を抑制するとともに、工場全体での稼働率やスループットの向上を意思として反映しなければならない。自社が保有する設備や工程を制約条件として意識しながら、固定費増加を招かないよう設計を進めることが肝要である。

　BOPはこの思考を支援する重要な役割を担う。ERP側が必要とするインプット情報を全てPLM上でつくり込めるようにするため、これまでPLMで持つことがなかった生産マスタ情報を管理するようになった。原材料や副資材、梱包資材といった従来PLMでは対象外であった生産管理品目。工場にお

図18 BOP（Bill of Process）

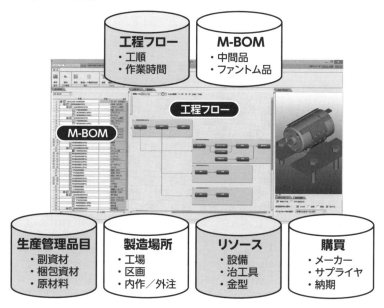

ける区画や棚番号といった製造場所情報。設備、治工具、金型などのリソース情報など、設計からは見えなかった製造工程とその生産能力が、BOPによって把握できるようになったのである。

　もちろん複数工場にまたがったノックダウン生産の場合でも、全体プロセスを把握して工程フローの最適化を図れる。理想的には、隠れ固定費とも言える主要サプライヤにおける製造工程までカバーできれば、その効果は最大化される。製造工程全体が見える化され、設備性能のMin-Maxやタクトタイムなどのライン情報が共有されるのである。

　従来のPLMでは、この工程フローを頭の中で描きながら、E-BOM情報をベースにして、M-BOMを作成するという荒技をユーザに強いてきた。つまりPLMのM-BOM作成は、現状の製造工程を把握できている人間にしかできない作業だったのである。自社の製造工程を把握し、工程フローの指示までで

きる設計者は、一部のエース級に限定される。結果として、PLMのM-BOM機能は生産技術部門だけに展開され、設計者はE-BOMのみという運用事例が大半を占めるに至っている。

分業と言えば聞こえはいいが、Design for Manufacturing（DFM）すなわち「製造を考慮した設計」というスローガンは昔から言われていることで、PLMにおいてもフロントローディングの一環として喧伝されてきた。これまでは掛け声だけだったのである。それをBOPがようやく現実のものとしたのである。

そして、BOPは原価企画業務にも適用されることで、大きな経営効果を生み出す。原価をつくり込むうえで、固定費マネジメントの要素が入ってくれば、製品の価格競争力のみならず、企業の儲ける力すなわち事業力を強化することにも繋がる。具体的なアクションとしては、設計段階からつくり方の違いによるコスト差異をシミュレーションして、最適な構成と工程フローを見極めていく。固定費マネジメントの中核である設備稼働率の向上が、設計段階から実践されることになる。もちろん市場競争力を獲得するうえで、新規設備投資や設計のチャレンジは必要である。だが、あくまでもそれは経営判断に基づき戦略的に実行されるべきであり、固定費のバランスを意識しながら決断されるべきものだ。PLMによる固定費マネジメントは、経営視点からも要請される当然の帰結だと言える。

PLM製品へのBOP実装における明暗

ここまでBOPについて説明してきたが、BOPという言葉に本書で初めて出合った読者もいるのではないだろうか？　PLMにとって、その有効性を飛躍的に向上する重要な機能である。それにもかかわらず、まだまだ市場での認知は高いとは言えない。なぜなのか？

理由として、現状は一部のPLM製品にしか実装されていないという事情が大きい。では、今後全てのPLM製品に実装されていくのかと言えば、不透明

な状況にある。しかも、すでにBOP搭載をうたっているいくつかのPLM製品においても、機能・性能・発展性の差が著しい。PLMベンダー間で比較したときに、BOP対応については明確に濃淡が表れるだろう。

この状況は、PLMベンダー各社のBOPに対するスタンスの差異から生じている。言い換えれば、PLMのあるべき姿をどう捉えているかということである。

図19 BOPによる設計製造の双方向連携

PLMが情報を統括するエンジニアリングチェーンと、ERPの領域であるサプライチェーンを連携させることは重要な命題である。この設計製造連携には従来から多くの課題が指摘されてきた。だがこれまでPLMベンダーは、CSVファイルで設変差分を受け渡すといった最低限のカスタマイズでお茶を濁してきた。この課題をクリアするためには、生産領域へと深く足を踏み入れる必要がある。このため、CADベンダーに代表される設計陣営のPLMサプライヤにとっては、BOPがとてもハードルの高い開発テーマになってしまっている。

CAD連携に強みを持ち、設計者が使いやすく定着させやすいシステムづくりは得意であるが、製造に関しては設計からの「手配」という一面からでしかその姿を捉えることができないのだ。ゆえにこの陣営には、BOPの有効性は認識しながらもシステム化できるだけの知見がないベンダーもあり、未だに機能提供されていない製品すらある。

他方、ERPのフロントエンドとしてPLMを位置づけるSIベンダー出自の

陣営が存在する。彼らはERPをうまく回すための道具としてPLMを捉えている。製造に対する知見を備えているので、一見するとBOPの開発など容易なことのように思える。しかし現実には中途半端な、BOPとも言えないような代物を開発しているのがこの陣営なのである。

　この陣営のビジネス戦略においては、あくまでERPがメインでありPLMは添え物にすぎない。事業にかけている人員の数を見れば一目瞭然だ。そんな彼らにとって、PLMがBOPという名の下にERP領域まで侵食してくるのは許しがたいことなのである。彼らにとっての聖域なのだ。

　また、彼らが設計業務に関して深い知見を持っていないことも大きい（ちょうど設計陣営の逆）。この陣営のPLMは、往々にして「設計成果物管理」だけの限定的な用途にとどまり、設計業務の支援までは行き届いていない製品が多い。結果としてBOPの役割を矮小化し、生産技術部門だけが運用するM-BOM作成効率化ツールと位置づけてしまっている。

　BOPがその本来の役割を果たすうえにおいて、それを開発するベンダーは、設計と製造、双方の業務に精通し、それぞれの立ち位置から「あるべき設計製造連携」をデザインできることが必要条件となる。BOPは、そのベンダーのスタンスが製品に最も色濃く反映されるファンクションかもしれない。

column
景気動向と製造業の改善テーマ

　本書を執筆している過程で元号が「令和」になった。米中貿易摩擦による不安感は否めないものの、2012年12月から長期にわたって、続いている景気の緩やかな拡大傾向は維持している状況だ。製造業においても、ここ数年来は好調な業績を示している企業が多く、投資についても前向きといってよい。

　そんな昨今の取り組みテーマとして、原価企画は旬と言えるほどに関心

が高い。製造業向けに様々なテーマのセミナーを企画するのだが、原価企画セミナーは突出した集客力を発揮し、実際に聴講される方々の熱気もみなぎっている。また、PLM検討商談において発行されるRFP（提案依頼書）においても、コストダウンを目的とした原価企画強化がメインテーマとなっている案件が多い。

　QCDはモノづくり企業において常に追求すべき3要素であるが、時勢によって強化すべきポイントは移り変わる。その時々で経営者が何を重要視しているのかが、投資という形になって表れる。現在は明らかにコスト（C）重視と言える。

　振り返ってみると、リーマンショック後の世界同時不況期において、多くの国内企業が重視していたテーマは品質（Q）であった。当時はそれまでのビジネスモデルが崩壊し、「何をつくれば売れるのか？」を皆が模索していたのである。とりわけグローバル市場においては、中国や韓国メーカーが台頭する他、異業種からの参入なども増え、Made in Japanの存在感が薄れてきたタイミングとも重なっていた。

　その状況下で見出された方向性が、高度な技術力を活かした高付加価値製品により差別化し、彼らとの消耗戦を回避する戦略だったのである。不景気なので当然、設備投資自体が冷え込んだ時期でもあったのだが、そんな中でも経営者が投資の決断を下すのは、品質（Q）に関する案件だった。

　それはPLMベンダーに求められる提案依頼内容にも色濃く表れていた。当時は全てのRFPに「高付加価値」の文字が躍っていたのである（ここで言う「高付加価値」とは経済的な意味合いではなく、コモディティ化と対極にあるエッジの利いた競合差別化というユーザ視点での価値のことである）。

　苦境に立たされたとき、それをブレークスルーする手段として、強みを活かすのか、弱点を強化するのかは選択が分かれるところだ。このときは強みを活かすというオプションを取った企業が多く、これが結果的に日本

製品に対する安全・安心・高信頼性というブランドを確立したのである。

現状の日本製品に対する評価は、「高品質なのに価格はそれほど高くない」ではないだろうか。まさにCMで言うところの「お値段以上！」である。BtoC製品だけではなく、BtoB製品においても、この傾向は当てはまる。このため販売は好調。売上に不安がないとなれば、経営者が重視するのは利益である。もっと上手に儲けられないかという思いがコストダウン（C）への関心を高めているようだ。生産フェーズでのコストダウンは、不況時にやり尽くした感もあり、大きな果実を得るには上流の設計フェーズの改革しかない。原価企画に関心が高まっている背景には、こういった経緯がある。

図20 クオリティからコストへ

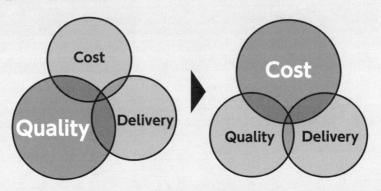

景気には波があるが、緩やかであればなんとか対応できても、急激なときには、振り落とされ、淘汰される企業が出てくる。現在の好況もいずれ終焉を迎え、また厳しい状況を迎えることになる。今の取り組みが本当に活かされるのは、実はそのときだ。どのような状況下においても高度化の手を緩めず、足腰の強化に努めている企業は、どんな環境変化でもしたたかに乗り切っていくだろう。

BOPが導く真のコンカレントエンジニアリング

　コンカレントエンジニアリングは少々手垢のついた言葉である。昨今の製造業向けITをにぎわせているバズワードの類（IoT、AI、Industory4.0、DX、RPA、etc.）と比べて、キラキラした感じに欠けていることは否めない。しかしながら、現状の国内モノづくり環境を俯瞰して見ても、高度化していくうえにおいて、コンカレントエンジニアリングほど根本的な課題を的確に表現したワードはないと考える。

　ひるがえって、読者の方がご所属またはご存知のメーカーにおいて、コンカレントエンジニアリングを理想的な形で定着させている企業はあるだろうか。理想的とはどういうことかと言えば、設計がその作業段階において後工程の状況や見込みをリアルタイムに把握しつつ配慮した設計を行うと同時に、製造や調達が設計仕掛かり段階のデータを共有して設計上流フェーズからVE提案を行えているような環境のことである。

　日本のモノづくりの強みは、もとよりすり合わせだと言われてきた。しかし部門ごとに最適化されたITツールの導入が、企業内においても必要以上にセキュリティを強化してしまった結果、この強みを喪失するような分断を招いてしまっているのではないだろうか？　このITが招いた分断は、ITでしか解決できない。部門ごとのシステムを否定するわけではない。日常業務を支援し生産性を上げるには、やはり特化したシステムが必須となる。逆に最大公約数的な全社統合型システムを志向する向きもあるが、薄っぺらな誰の役にも立たない無用の長物になるのがオチである。

　実施すべきは、個別に最適化されたシステムを有機的に連携させ、全てのプロセスにおいて、そのフェーズに応じた有益なデータを過不足なく活用できる環境をつくり上げることだ。BOPはPLMとERPを有機的かつ高度に連携し、真のコンカレントエンジニアリングを実現できる、とてもバリューの高い機能モジュールである。

図21 コンカレントエンジニアリング

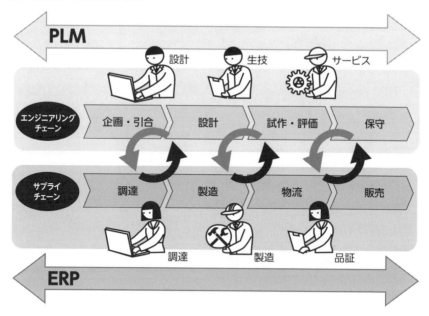

　BOP登場以前は、出図までをPLM、それ以降をERPの領域というように、両者を分断したうえで連携することが一般的な解釈であった。だが、果たしてそれはあるべき姿だろうか？　このように両システムをすみ分けてしまうと、その接点は前述のように、手配データとしての設計結果を受け渡す生産移管のタイミングに限定されてしまう。双方ともに、共有すれば有益な情報をふんだんに持っているにもかかわらず、この分断がそれを部門内に押しとどめてしまっている。

　BOPの役割は、全てのプロセスにおいてPLMとERPの連携を促し、その両輪でモノづくりをサポートする経営管理システムを成立させることである。生産でクロスするような位置関係だったPLMとERPが、全プロセスを通じて相互にシナジーしながら、スパイラルアップしていく関係が理想的だ。現状業務の効率化ではなく、ワンランク上のレベルを目指すためにPLM

導入を検討されるのであれば、BOPの完成度や発展性で製品評価することは有効な判断軸になると考える。

原価企画から始まるPLM

　PLMとERPの高度連携によるコンカレントエンジニアリングを実施していくに当たって、起点となる業務が原価企画である。設計上流の原価企画において、ERPからリアルタイムなコスト情報を取得してシミュレーションを実行するということも、両者の連携が密になれば可能だ。ただ、BOPがない状況においても、この取り組みについてはやろうと思えばできたはずだが、実現されている例は希少だ。理由は前述した両システムの連携ポイントにある。

　従来の連携接点は設計完了後の生産移管時に限定されていた。設計上流段階の未確定な構成情報と、製造サイドの実際原価情報は、両者ともにその接点から遠く離れたデータであった。このため、これを繋げようという発想も、繋げる仕組みもなかったのである。しかし、この情報連携は原価企画の飛躍的な高度化を約束する。BOP上で工法検討や生産状況把握ができれば、フロントローディング効果は最大化する。現在のITテクノロジーを使えば、このような環境の実現は十分に可能なのである。

　PLMとERPを両輪とする経営管理システムは、原価企画のタイミングを起点として、以降のライフサイクル全般にわたって有機的に回転する。この意味でも、原価企画を手始めにBOPを活用したコンカレントエンジニアリングを業務プロセスに組み込んでいくべきである。そして、文字通りのProduct Lifecycle Managementシステムとして、製品のEOS（エンドオブサポート）に至るまでの全プロセスをカバーすることが今後の課題となる。

経営管理システムへの昇華

　近年の顧客ニーズ多様化とテクノロジーの急激な進化は、製品寿命の短命化を促している。それとは逆行するように、原価率悪化による投資回収期間

図22 経営管理システムとしてのPLM

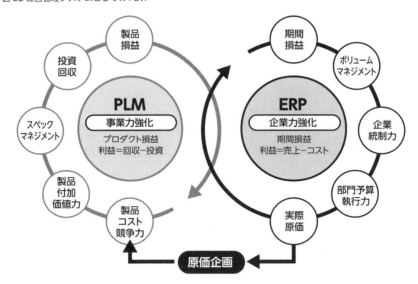

の長期化という問題も生じている。損益分岐点までのスパンが長くなっているのに、売り時は短い。景気はよくても投資回収の難易度が上がっている現状について、悩みを吐露される経営者の方も多い。

本章で述べてきたように、固定費マネジメントを含めたコストダウン活動は、損益分岐点の前倒しを図れる。しかし、製品リリース後の投資回収状況をリアルタイムにモニタリングする仕組みがあるだろうか？

現状のPLMがプロダクトのライフサイクルにおいて最も後工程で活躍する場面は、保守サービス業務の支援だろう。サービスBOMや保守パーツ管理という業務に適用される例である。ただ、あくまでもアフターサービス業務そのものを支援する用途でのみ使用されているだけで、それ以上のものではない。

プロダクト損益評価という、製品開発プロジェクトベースの管理会計を担ってこそPLMの本来の役割が果たされる。PLMには時間軸での製品情報

推移を予実管理できるプロジェクト管理機能がある。現状のプロジェクト管理運用は、ほぼ出図までの時点にとどまり、長くてせいぜい受注生産型企業における納品（据付）あたりまでだ。この運用期間をEOSに至る製品ライフサイクルの終息まで延長するのだ。もちろん運用に当たってはPLMの情報だけでは不十分である。故障対応や値引き販売など、製品リリース後は長期間にわたって様々なインシデントが生じてくる。そして何よりPLMには量（生産量、出荷量、販売量、etc.）の概念がない。これをカバーする意味で、ERPとの有機的連携運用は不可欠である。ここに至って、PLMが経営管理システムとして躍動を始める。

期間損益管理では把握できなかったプロダクトレベルの収益性を管理できるようになるわけだが、これをトレースするだけでは意味がない。やはり企画段階からライフサイクル全般での利益コントロールシナリオをプランニングしておき、その推移をモニタリングしながら打ち手を講じていくPDCAサイクルに乗せることが重要である。

時々刻々と変わる状況の中で、現場は足元の対処のため受動的に判断せざるをえない面もあるが、経営者は常に大局的に捉えて先を見据えた戦略を練らなければならない。この際のポイントはリアルタイム性、すなわちスピードである。このリアルタイム性を獲得するためには、製品にまつわる全ての情報を"データ"化して、システムや機械、装置の可読性が担保されたデジタルプロセスチェーンを構築することが前提となる。

マーケットでの戦闘力である事業力を強化するうえで、ITは強力な武器になる。今さらこれに異論を唱える者はいないだろう。そのポテンシャルをフルに発揮するには、情報システム部門のみならず、実際に運用するエンジニアや経営層も、検討・導入の段階から深く関与すべきである。この姿勢で臨んでこそ、ITを使いこなし、投資対効果を最大化できるのである。

PLM 領域への AI（人工知能）適用

　AI が今後の働き方や暮らしに大きな影響を与えることは間違いないだろう。おそらく 2030 年頃にはとても身近なものになっているにちがいない。製造業を取り巻く環境でも、IoT から吸い上げられたビッグデータの解析や、ディープラーニングによる外観検査工程の省人化など、AI 活用が最近かまびすしい。色々な分野で活用されることは確実なのだが、PLM 領域への適用について考察してみたい。

　まず本書のテーマに近いところでは、コストテーブルの構築に適用することが想定される。3DCAD と ERP からもデータ取得することで、コストシミュレーションに必要な情報はほぼ準備できる。製造工程についても BOP によって表現されている。今の IT 環境下において、AI 学習用の教師データは十分にある。

　なお 3D モデルについては、形状から抽出できる特徴ベクトル・容積・投影面積・重心位置といった数値データとコストとの相関性を機械学習させて、新規部品モデルの原価を推定させるという試みが進められている。研究段階ではあるが、樹脂成型品については期待できる成果が得られつつあるようだ。

図 23 AI によるコスト推計

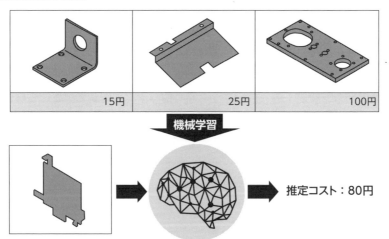

原価見積については前述の通り、これまでベテランエンジニアのノウハウに頼っている企業が多かった。また往々にしてそれが属人化してきた。特定の人に依存した業務プロセスでは、生産性向上の余地がない。一方、ローレルバンクマシンの事例にあるように、コストテーブルを構築してコスト算出の自社基準を形式知化している企業も存在する。こちらが理想的であることは言うまでもないことなのだが、その道のりは険しい。

　コストの観点から設計・製造・調達の関係性をモデル化し、さらにどの設計諸元がコストに影響を与えるのか、各製品各要素ごとに多変量解析などの統計的処理を駆使して見極めていく。人手で行うとなると、とても根気を要する作業である。ここに機械学習を適用し、設計要素がコストに与える影響度の大小をクラスタリングなどの手法で判定できれば、コストテーブルの構築は飛躍的に省力化される。

　そしてコストテーブルの運用に当たって重要なのは、見積精度を求めることではない。AIを適用することで金額の精度も上がることを期待してしまうが、「価格」はサプライヤの業績状況や景気という外的要因の影響が大きい。そこまで含めてAIに予測させるということも技術的には可能だろうが、その学習データを民間企業が単独で準備することは現実的には不可能だ。

　ここで重要なのは、コストドライバとなる諸元に対して、品質とコストのトレードオフを緩和できるように技術力を強化していくことである。例えば、これまで板厚を10mmより薄くするとコストが上がっていたところを、8mmまで閾値の幅を広げられるよう技術を追求する。これはAIに関係なく、コストダウンのPDCAサイクルを回すためのポイントである。

　また、部品の標準化・共有化についても、AIによる高度化が見込める。部品の3次元形状や属性、さらには使用先BOM情報を基にして、機械学習によりカテゴリの詳細な分類を自動で行わせる。ここで得られたカテゴリには形状や用途が似通った部品が集められるため、さらにコスト情報や在庫数、不良品率などの実績情報からカテゴリごとの推奨部品を自動判定させる。合理

的な判断に基づいた推奨部品のアップデートが可能になり、持続的なコストダウン効果を生み出すだろう。

図 24 クラスタリングによるカテゴリ分類

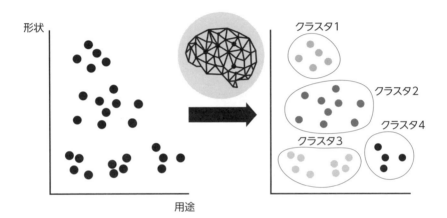

　工程設計への適用も考えられる。BOP の運用が定着すると、CAD データ、E-BOM、M-BOM、工程フロー、ERP の組み合わせデータが蓄積される。BOP の登場は、PLM 内に仮想工場が定義できるようになったことに等しい。工場の生産能力がデータ化されたことで、これを制約条件としたシミュレーションへの道筋が開けた。CAD データと E-BOM を入力データとし、実績ある工程フローを教師データとして学習させると、工程フローと M-BOM を動的に生成する AI-BOP が期待できる。さらにここに不良品率を教師データとして機械学習を行うことで、設計の段階で製造品質のシミュレーションも実行できる。ほかにも調達先の選定において、納期、製造品質、原材料価格などの項目について調達先のデータを継続的に学習することで、状況に応じて調達先を自動的に選定できるようになる。

　もちろん生産量によっても最適工程は変わってくる。従来は生産技術者

が頭の中で実施していた工程設計をAIが支援するのである。工程フローを自動生成させることで、単一の製品だけではなく、同時期に生産ラインを流れる複数製品を一括でシミュレーションするなど、大規模な展開も想定できる。さらにMESとも連携すれば、状況変化に応じた設備稼働率の最大化プランを提示できる。固定費マネジメントの面でも大きな成果を生むことが期待される。

> column
> ## 工数削減によるROI（投資対効果）の落とし穴
>
> 　PLM導入は高額な投資となり、構築に当たっては一定期間のリソース投入も必要となるため、経営レベルでの決裁は必須となる。経営陣の承認を仰ぐ際、導入担当者はPLMの導入効果を説明する局面を迎えるが、このときにどういったROI（投資対効果）をアピールするかで、経営陣の心象は決まる。古くは"鉛筆なめなめ"などと皮肉交じりに語られることもあったが、避けては通れないプロセスであり、頭を悩ませている導入担当者は少なくない。
>
> 　ITシステム導入においてよく使われるのが、工数削減アピールである。多くの場面で目にしてきたが、正直うまく説得できているケースは少ないように思う。
>
> 　「このシステムを導入すると、設計部門では年〇〇人月の工数削減になります。当社の人月単価は△△万円なので、導入効果は年間XXXX万円になります」
>
> 　このような説明を受けた経営者の方は、十中八九こう担当者に問い掛ける。
>
> 　「じゃあ、何人切れるんだ？」
>
> 　ところが往々にして担当者には人員削減の想定はなく、

「人員は減らしません。非生産的な業務時間が削減されるので、その時間をクリエイティブな業務に費やします」

などという的外れな答えをしてしまう。すると経営者はこう思う。

「だったら、その導入効果金額はいったい何なんだ？」

削減時間分の人件費で効果を出しているのだから、経営者の反応はもっともである。人件費が変わらないのならば、いったいどんな効果が出るというのか。設計者が単に楽になるというだけではないのか。経営者にとっての関心事である、売上にも利益にも具体的に貢献するイメージがわいてこない。要はしっくりこないのである。やはり"減らす"というアピールに問題があるように思う。どうしてもポジティブなイメージを喚起できないのである。

ここは視点を変えてみてはどうだろう。減らすではなく"増やす"を効果指標とするのだ。つまり工数削減ではなく、組織生産性向上によるアウトプットの増加で効果をアピールする。例えば、下記のようなストーリーである。

「設計部門の生産性が8％アップします。ですので、現状の設計者数50人の8％に当たる4人を増員したことに相当し、導入効果は4人分の人件費○○万円になります」

工数削減のときよりも前向きな印象を与えるのではないだろうか。受注好調なBtoB企業ならば、こんなシナリオも組み立てられる。

「設計の実施可能案件数が年間○○件から△△件に増えるので、売上を××％伸ばせます」

引き合いが潤沢な状況ならば、経営者にとって魅力的な投資提案と思えるに違いない。

いずれの場合も裏の意味は工数削減と相違ないのだが、"増える""伸びる"というイメージが「投資すべきだ」という決断を後押しする。金額換算が直接的かつ具体的なので、投資金額についても経営者の納得を得られ

図25 「減らす」より「増やす」

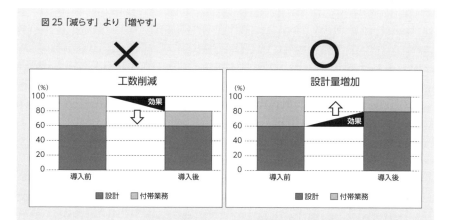

やすい。彼らの期待と関心を得たうえで、プロジェクトをキックオフできる。経営陣のサポートはプロジェクト遂行上とても重要だが、前向きな姿勢で関与いただくためにも、気持ちよく決裁してもらいたい。少しの工夫ではあるが、スムーズに承認プロセスを通過できる確率は高まると考える。

第5章

設計・製造・会計連携による製品事業力強化

製品コストの80%は設計段階で決定すると言われているが、そのコスト発生のほとんどは製造段階になってからである。すなわち、製造プロセス及びコスト発生の仕組みがわからなければ、設計段階で到底まともな製品コストの決定はできない。しかしながら、その前提となる設計と製造の情報連携がなかなかうまくできないことは、前章までに述べている通りである。なにより、コスト、すなわち原価が嫌いな人が多い。しかし、その原価情報の見える化が、設計と製造の情報連携の鍵となる。原価を好きになる必要はないが、原価情報を経営ツールとして、自社の戦略実現のために適切に利用できることが肝要である。設計と製造のコミュニケーションが活性化し、短時間でより多くの見積や施策の検討、設計や製造の改善ができるようになる。その積み重ねによって、製品事業力が向上していくのである。

　本章では、「設計」と「製造」を「原価」による見える化で連携して原価企画力及び製品事業力を強化するための取り組みについて、事例を通じて解説する。

　まず近年のモノづくり環境の変革状況を概観し、その変革ツールとして今一度、「見える化」と「原価情報」の役割と有効性について具体的な事例を踏まえてその理解を深める。そのうえで、「見える化」と「原価情報」を効果的に利用して成果を上げている製造業の事例を取り上げて、その活用ポイントについて考察を加えるとともに、製品事業力向上に必要な視点について設計・製造・会計連携の観点から整理する。また、最後に設計製造情報連携の様々な活用事例を紹介し、モノづくりの全部門で活用していくために必要な設計製造情報の本質を整理する。

図1「設計」と「製造」を「原価」で繋ぎ、原価企画力と製品事業力を高める

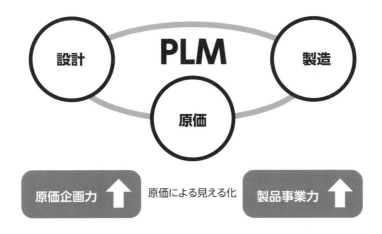

年1機生産から週15機生産への変革

　まず、近年のモノづくり環境の変革状況を、具体的な例で振り返ってみたい。人工衛星メーカーであるOneWeb Satellitesはフロリダ工場において"PRODUCTION CAPACITY = UP TO15 SATELLITES PER WEEK（1週間15機の人工衛星生産）"をうたっている。人工衛星は従来1年以上かけて製造するケースが多かった。しかし、OneWeb Satellitesは、これを1週間に15機というレベルにまで高めることを目指している。本メーカーでは小型の人工衛星を対象としているが、技術が確立すれば、大型衛星にもその技術が適用されていくことは容易に予測される。

　このような動きが生まれている背景には、第4次産業革命によって、モノづくりにおける製品のライフサイクルの短縮と、ロットサイズの縮小が加速度的に進んでいることが要因として挙げられる。その中では、特に資本の効率性が、より重要な要素となり、従来の損益指標である「損益＝売上－費用」という発想ではなく、「損益＝回収－投資」という考え方に変化してきている。可能な限り初期投資を抑えて、短期間にモノづくりを行うビジネスモデ

ルが実際に誕生している。

　これらに対応するためには、設計と製造、そして販売サービスをも同時に考える全体最適が前提となる。1年で1機の状態から、1週間15機への生産性向上は、どれほど製造現場が優秀であっても工場の改善だけで実現することはできない。最初から1週間で15機の製造ができるように開発設計が行われなくてはいけない。

変革を阻むコミュニケーションの壁

　製造業における第4次産業革命の動きには大きく分けて2つの方向性がある。1つはスマートファクトリーなどをはじめとするIoT（Internet of Things）を活用した社内の効率化や製造方式の改善と拡張である。「マスカスタマイゼーション（顧客個別ニーズへの効率的な対応）」の実現や「自律した工場の実現」などがその1つの姿として挙げられる。

　もう1つが「製造業のサービス化」である。これは自社の製品がIoT製品になることで生まれる変革である。製品にセンサや通信の仕組みを組み込み、販売した製品との間でも情報のやりとりを行い、従来の「モノ」だけで価値を提供するビジネスモデルではなく、製品からのデータを通じたサービスによる「コト」を組み合わせて新たなビジネスモデルを構築する進化である。壊れる前に故障を予知する予知保全や、製品データをベースとしたコンサルティングサービスなど、新たなデータビジネスが挙げられる。

　しかしながら、これらの変革実現をうまく実現できている製造業はあまり多くない。どちらの方向に向かうとしても、部門間連携が課題として残るケースが多い。日本の製造業は「現場力」が強く、実際に現場の改善力や問題解決能力は世界トップクラスであると言える。一方で、権限委譲が進んでおり、各現場部門それぞれが権限を持っており、部門をまたがる連携や変革が難しいという状況が生まれている。ITシステムも個々の部門の部分最適止まりで部門ツールとして完結している状況が散見される。

しかし、先述の OneWeb Satellites の事例を見ても、設計から製造、出荷までのトータルリードタイムの抜本的な低減を実現するためには、設計領域だけ、生産システム及び生産手法だけを別々に論じても難しい。設計から製造、そして販売サービスまでの各種情報を一体化して、そのうえで総合的なリードタイムを削減する観点で、ボトルネックの解消など抜本的な施策を検討して、開発設計の上流から改善や変革を実施することが必要となる。そのためには、設計から製造、販売サービスまでを統合して管理でき、見える化できる IT システムが必要となる。

　例えば、自律する工場を実現することを想定した場合、受注が入った段階で、設計現場では設計変更の指令が、製造現場には製造変更の指令などが飛び、部品の発注が行われるとともに、これらがシステム的にも物理的にも同期して、最適な生産を行っていくことが理想である。これをシステムで考えた場合、PLM（製品ライフサイクルマネジメント）、ERP（基幹系情報）システムや SCM（サプライチェーンマネジメント）システム、MES（製造実行システム）など多くのシステムがシームレスに相互連携できなければならない。

　一方で、製品から生み出されたデータを活用したビジネスなどを考えると、製品から上がってくるデータを設計部門や製造部門、サービス部門が PLM システムなどで共有して、得られたデータとそれぞれの CAD や MES システムなどのデータと紐づけして、分析し、知見を導き出すというようなことが必要になる。

　この部門間、システム間の壁を越えて連携することは、次世代のモノづくりを実現し、競争力を維持していくための必須事項となりつつある。また、システム間の連携を実現することは手段であって目的ではない。部門間のコミュニケーションを活発化するということが最大の価値を生むのである。現状のシステムの分断が解消されないままの日本の製造業にとっては、コミュニケーション活性化までの道のりは長い。早めに解決の手が打たれることを期待する。

デジタル化と見える化による変革

　製造業の変革を阻むコミュニケーションの壁を取り払うためには、何が必要か。1つはデジタル化、もう1つは見える化である。設計部門は特にデジタル化が遅れている。設計部門はCADやCAE（第4章参照）の導入が先行しており、一見デジタル化が進んでいるように見えるが、実際にその中身を見てみると設計図面も、構造計算書も、仕様書も、全てが「絵と文字」である。データというデジタル情報になっていない「絵と文字」は、結局のところ人間が目で見ないと仕事が進まないという根本的な問題がある。設計情報がデータとして他の部門では、ほとんど活用されていないということがよく聞かれる。

　日本では、製造現場がその環境の中で柔軟に対応してしまうので、設計情報がデータとしてデジタル化されていなくてもなんとかなってしまうことが強みだったが、設計のバリエーションが増え、製品ライフサイクルもどんどん短くなってきている現在の流れを踏まえると、今後も人手に頼り続けるのは無理がある。設計情報をデータとして活かせるようにデジタル化を進める必要がある。デジタル化によって、エンジニアリングチェーンの統合や自動化が加速し、他部門との連携が容易になる。

　もう1つ、デジタル化の効果がある。先に述べたIoTやAI（人工知能）活用である。設計情報がデジタル化されていることにより、製造や販売後の製品データをフィードバックしたときに、設計値と実績値、すなわち計画と実績の比較が可能になる。比較ができると、反省ができる。反省はPDCAサイクルにおける改善の基本であるし、またその活動によって新たな改善や変革、ビジネスアイディアが生まれてくる。

　一般にIoTで収集されるデータは大量になり、ビッグデータと呼ばれるが、その活用は人間が個別にデータを作成しているようでは進まない。また、AIはそのビッグデータを利用して、分析と予知だけでなく、その結果のアク

ションアドバイスまでを自動化し、将来的にリアルタイムの制御自動化を進めていく取り組みになる。

　CAD図面から自動的に各部の寸法を抽出してデータベース化したり、仕様書からCAD図面を自動的に作図したりする機能もすでに実現しているが、積極的に使っている企業は多くはない。属人化された設計業務から脱却して、設計情報を後工程や全社で活かせるデータにする。また、そのデータを活用して、設計業務自体の自動化を進めていくことは、第4次産業革命に代表されるドイツを中心としたインダストリー4.0や米国を中心としたインダストリーインターネットの活動においても前提事項になっている。

　他にも、デジタル化の効果として、時間と空間を越えることができることも大きな魅力だ。また、見える化という効果もある。

空間と時間を越える仮想大部屋活動

　デジタル化によって空間と時間の壁を越えることができる。大部屋活動を例にその効果を検証する。大部屋活動とは、設計や製造などの部門の壁をなくし、同じ空間で一体となって製品を生み出す取り組みのことだ。設計工程などでは「フロントローディング」の価値が叫ばれており、開発の早い段階で品質・コスト・納期（QCD）の検討や評価の工程を前倒しして行い、市場のニーズに合った製品を素早く市場に投入するという取り組みが進んでいる。

　大部屋活動は、これを設計部門だけにとどめず、製造部門や購買部門なども含めて大きな同じ部屋の中でコミュニケーションを密に取りながら行うことで、その効果を最大化しようというものである。設計から製造、購買などの各部門が1つになって取り組むことから、設計段階から生産段階までを含めて抜本的な効率化の検討が可能なほか、QCDの検討や評価を精度よく速いサイクルで何回も回せるなどの利点がある。

　しかしながら、物理的な大部屋活動は、部屋の大きさに縛られ、製品ごとの活動など、範囲が限定されてしまいがちである。また、国際化、分業化

によって、設計部門と製造部門が国をまたいでモノづくりを行うことも多い中、実際に同じ物理的な部屋の中で関係者が集まって活動をすることは困難である。

　ところが、この「大部屋活動」をデジタル空間で行うことで、それらの制約から解放される。製品ごとの大部屋ではなく、製品を横断した大部屋活動を実現できる。また、設計部門でも製造部門でも、国際化、分業化、分散化された世界でも、時間や空間を越えて大部屋活動を実現できる。その中でやりとりされる各部門の知見やアイディアは、全てノウハウとして蓄積され、再利用ができる。製品や時間を越えて過去から蓄積されてきた知見、アイディア、ノウハウという財産を余すところなく利用、活用できるのである。特に、近年はAIなどの進展によって、蓄積された過去のレビューや議論、品質、クレームなどの情報から検討に必要な気づきやアドバイス、注意喚起を行う技術も出てきている。これらの情報と技術の活用により、より多くの知見を活かした検討を行い、製品力をますます向上させることが可能になってきている。

図2 国際化・分業化・分散化時代における製品横断の仮想大部屋イメージ例

行動を変える見える化

　ITシステムを導入する際に、「見える化」というキーワードをよく目にする。しかしながら、見えるようになったとしても、それは見えるだけで、それだけでは特に何が起こるわけではない。ところが、見える化によって、人の行動が変わり、効果を上げている事例も多い。見えるだけで大きな効果を上げることも可能なのである。

　実は、そのためにはひと工夫必要である。そのひと工夫によって、見える化が見えるだけなのか、変革を推進し、効果を上げるツールとなるのかに分かれる。見える化によってどのように人の行動を変えることができるか、またそのポイントが何なのかについて、わかりやすい具体的な2つの事例を通して解説する。

　なお、この2つの事例を通じて共通していることは、いずれも現実の行動や事象と紐づいた金額、すなわち原価を見える化の対象にしているということである。この現実の行動や事象と紐づいた原価を見える化の対象にすることの意義については、事例に続く「原価情報は戦略的コミュニケーションツール」以降で解説を加えたい。

■ 見える化による在庫削減の事例

　モノづくりの現場に行くと、在庫というものがある。よく在庫は少ないほうがよいということで、在庫の見える化がうたわれることもある。では、在庫が見えるようになったら減るのか。それだけで減るのであれば、とっくに減っている。ITによって在庫が見えるようになって、どこにいくつ何があるか見えるようになっても、それはそう見えるだけである。

　ところが在庫を見たときに、その在庫がこれから必要なものなのか、そうでないのかも同時に見えてしまったらどうだろう。今ここにある在庫に、数量だけでなく、それがいつ使われる予定のものなのか、もしくは使われる予定のないものなのか、すなわち必要な在庫か、そうでない在庫なのか、それ

がいくらなのかも、同時に見えるようにすることがITではできてしまう。

ある製造企業では、部品在庫だけで40億円近くあったが、実はその半分以上はなくても実際の生産活動は可能であるということを、在庫分析によって経営トップ層が理解してきた。その結果、トップダウンで、その状況が見えてしまう仕掛けをシステムに施した。それによって、システムで在庫を見るたびに、部品在庫のうち、20億円分が不要と表示されるわけである。具体的には図3のように分類して、それぞれに金額をつけて在庫が見えるような仕掛けとした。

その結果、実際には現場の担当者が、在庫確認のためシステムを見るたびに"まずい"と感じ、様々な検討を行い、対策を講じたわけだが、およそ半年でシステム上不要と判断された在庫の半分、すなわち10億円の在庫の削減が実現された。現実にはシステム上は単純に直近の使用予定がないので不要とした在庫の中にも安全在庫や回転在庫の類があるので、おおよそ無駄な在庫をなくすことができたといってもよいレベルである。

図3 在庫削減行動を促す「見える化」の例

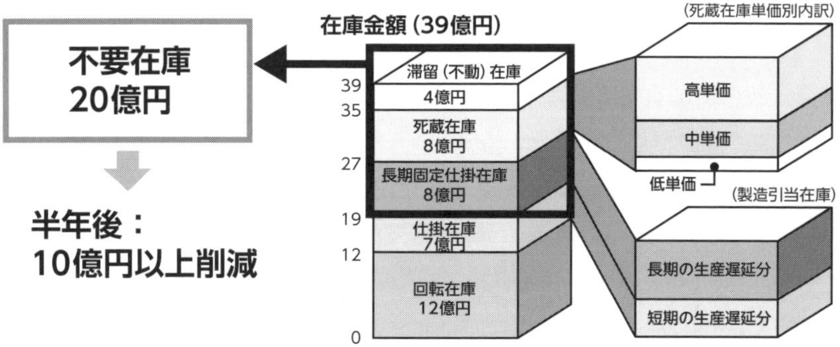

不要在庫 20億円	在庫金額（39億円）	（死蔵在庫単価別内訳）
	滞留（不動）在庫 4億円	高単価
	死蔵在庫 8億円	中単価
半年後： 10億円以上削減	長期固定仕掛在庫 8億円	低単価 （製造引当在庫）
	仕掛在庫 7億円	長期の生産遅延分
	回転在庫 12億円	短期の生産遅延分

システム上の数値に色（意味）をつけて、見える化

ここに仕組みのうえでのポイントが3つある。まず1つめとして、不要な在庫という見える化によって、不要な在庫を増やさないという行動に繋がる。

すでに増えてしまった在庫についても、その内訳を追えるように見える化をしており、なぜ増えたのかを検証することができ、またそれを反省することができる。すなわち、その後の生産計画及び購買活動にその反省内容を反映できる。

2つめは、金額が見えるということである。システム変更があったこともトリガーになっているが、不要というラベルと金額が同時に出るようになったということは、金額を減らせという重要な経営メッセージが現場に伝わることになる。また、人の注意資源は限られているので、特に金額による優先順位が明確になり、より経営として効果的な行動が取れるようになる。

3つめ、これは付随的な効果になるが、生産現場では部材の欠品が出るとラインが止まるので極めて欠品を嫌い、部材在庫を持ちたがる傾向がある。しかし、在庫が増えると、製造リードタイムは長くなるのである。本書の趣旨からははずれるので、説明は割愛するが、在庫が少なくなることで、製造リードタイムが短くなり、より工場としてのスループットが上がるのである。このような付随的な効果が期待できるのも見える化の効用だ。

■ 見える化による調達コスト改善の事例

もう1つの事例としては、これも直感的にイメージして理解がしやすい調達価格の見える化を取り上げる。複数の工場を持つ企業の事例になるが、統合システムの導入後も、それぞれの工場でお互いのデータは直接見えないようにしていた。

ところがあるとき、トップダウンで、同じ部材の価格を見た際には、他の工場の価格も並べて見えるようにしなさいとの指示があり、同時に見えるようなシステム改修を行った。もともと、システムとしての統合は進んでおり、対応自体は難しくなかったが、実際に並べてみると、単価が高い工場と低い工場が一目瞭然であった。

具体的には、工場Aと工場Bを比べると工場Aのほうが安価に部材を調達していたわけだが、それを見た工場Bの担当は"まずい"と思うわけだ。こ

図4 調達コスト改善行動を促す「見える化」の例

A工場	
品番	単価
6BSSS401	**900**
6BSSS301	**750**
6BSSS501	**1,050**
6BLTB000	18
6BSCB000	550
6BSCR001	560
6BSHK300	4
6BSHK400	6
6BSHK500	10
6BSMS500	380
6STCB000	700
6STCR001	2,300

「A工場に負けてるぞ!」

B工場	
品番	単価
6BSSS401	**1,000**
6BSSS301	**900**
6BSSS501	**1,200**
6BLTB000	20
6BSCB000	550
6BSCR001	560
6BSHK300	4
6BSHK400	6
6BSHK500	10
6BSMS500	350
6STCB000	700
6STCR001	2,200

（3ヶ月後）
B工場	
品番	単価
6BSSS401	900
6BSSS301	750
6BSSS501	1,050
6BLTB000	18
6BSCB000	550
6BSCR001	560
6BSHK300	4
6BSHK400	6
6BSHK500	10
6BSMS500	**350**
6STCB000	**700**
6STCR001	**2,200**

（6ヶ月後）
A・B工場両方
単価
900
750
1,050
18
550
560
4
6
10
350
600
2,100

システム上の数値を比較（対比）するように、見える化
～ 半年後にA工場もB工場も両工場がコストダウン実現 ～

ちらも、現場の担当が様々な検討を行い、対策を講じたわけだが、おおよそ3ヶ月程度で工場Aと工場Bの価格が同じ程度になった。興味深いのはその後で、工場Bだけでなく、工場Aと工場Bともに調達価格の改善がさらに進んでいったということである（図4）。

　何が起こったのか、現場に確認をしてみると、工場Bでは、まず工場Aでの今までの取り組みについて教えを請うたそうである。その取り組みを工場Bにも取り入れることで、工場Aと同じ水準に改善が進んだのである。ポイントは、工場Bが工場Aに教えを請うだけでなく、その際に工場Aと工場Bの担当間で様々な情報交換がなされたことである。工場Aのほうが比較的改善が進んでいたが、それでも工場Bでは取り組んでいるが工場Aでは取り組

んでいなかったようなものがあったり、さらには工場Aと工場Bが共同で進めるボリュームを活かした新たな取り組みが生まれたりと、両工場にとってより改善が進んだということである。

　先の在庫削減の事例は、どちらかというと見せしめ的な改善行動促進の事例になるが、調達コスト改善の事例はより協調的でより多くの検討やアイディアを出していく、いわゆる高度化の事例である。特に、現場意識の高いところで、より高い効果の出やすい事例であり、日本的とも言える。この2つの事例を通じて言えることは、見える化は、見せ方であり、見える化によって人の行動を変えられる、変革を促進できるということだ。

> **column**
> ## 見える化から標準化、高度化へ
>
> 　見える化は正しい行動を促す取り組みである、という事例を2点取り上げたが、企業における様々な活動、例えば標準化や効率化、改善、改革などの全ての取り組みの起点として、まず見える化が基本である。改善や改革の対象や状況、特にその対象や状況を構成している要素内容がわからなければ、正しい手を打つことはできない。標準を定める場合にも、必要な情報が見える化されていなければ、何を標準とすべきか判断できない。
>
> 　一方で標準化とは、それ自体が見える化の活動とも言える。業務プロセスの標準化とは、誰がやっても同じ最高の結果が得られるような手順でありプロセスである。また標準値とは、標準化の結果、他の人たちも同じ手順やプロセスで実現できるようになった最善の値と言える。すなわち標準とは、先人たちが決められた手順やプロセスに従えば誰でも到達することができるようにした基準である。この標準が見える化されることにより、その標準を基準として様々な企業活動が効率よく進められる。
>
> 　なお、最初に述べた通り、標準を定めるためには、関連する活動やその

計画及び実績の見える化による判断が必要となる。見える化によって標準を定めることができ、標準によって見える化が促進される。標準化と見える化は表裏一体の関係である。

　高度化は標準を改善して改定していく取り組みである。先人たちの到達した記録を、更新していく活動と言える。本書では、高度化は従来よりも多くのことができるようになり、その結果として質、量ともに製品及び業務プロセスが向上するという意味で使用している。競争力を確保して事業を継続し続けるためには、必須の取り組みである。

　また標準があるから、この高度化を効率的に進めることができる。先人が成し遂げたことが標準となり、標準を活用して高度化を図り、そしてその結果がまた標準となるのである。このサイクルで、モノづくりはより着実に効率的に進化していくことができる。また、標準化による効率化で生まれるリソースを使って、さらなる高度化を行うことが事業の発展に効果的である。

　改善や改革などの推進においても、高度化の取り組みを積極的に活用すると効果を上げやすい。一般に、改善や改革の取り組みでは、下げる、減らすといったことばかりが目標になる。しかし、原価低減や効率化に代表される下げる、減らすといった活動は、事業を大きくする方向にはなりにくく、なによりも活動自体が地味でつまらないし、聞き飽きたという人も多いと思う。そこで、高度化に代表される高める、増やすということを、ぜひとも目標に取り入れてほしい。

　例えば、品質等の測定値、見積や設計の検討回数、効果的なコストダウンのアイディア数などが挙げられる。これらの目標は、原価低減にも繋がり、効率化によってもたらされる。また、事業の拡大に繋げることも容易だ。なによりも、活動自体が減らすよりも、増やすほうが面白いと思う読者も多いのではないだろうか。標準は守らされ我慢を強いられるものではなく、標準によって効率化を進め、自由や創意工夫によって標準を改定し

ていく高度化の概念を取り入れ、ぜひとも前向きに改善や改革などに取り組めるようにして事業力をさらに高めていただきたい。

　なお、『原価計算研究2013 Vol.37』(日本原価計算研究学会)掲載の研究によれば、開発設計段階の原価企画と製造段階における原価維持、原価改善の活動は相互に影響し、また研究対象となった原価企画の経験と蓄積が多い企業においては、いずれも既存製品の原価改善と次期製品の開発の原価企画が互いの成果を教授し合うことにより、効率的に原価企画と原価改善の高度化を推進している。

　原価企画の視点では、「Plan:原価の企画」→「Do:企画原価実現の活動＝標準化」→「Check:企画原価維持を確認＝標準」→「Action:企画原価のさらなる改善＝高度化(標準の改善)」→「Plan:原価の企画」のPDCAサイクルが実現できていると言える。一方で、同研究では、原価改善が定着していない企業では、原価企画も定着しないことが指摘されている。原価企画と原価維持並びに原価改善の定着は両輪である。原価維持と原価改善の定着が不十分な場合には、あわせて取り組むことを検討したい。

原価情報は戦略的コミュニケーションツール

　改善や改革が進まない原因として、部門間の壁や経営と現場の壁、すなわち組織の縦横の連携が課題に挙げられることが多い。特に、原価企画のテーマでセミナーを行った際には顕著であったが、セミナー参加者からいただいた相談課題を見てみると「設計と製造の観点が異なり、お互いに意識はあるのに原価低減などの具体的な活動が進まない」という課題や、「経営の課題認識が現場の行動にうまく反映できず変革が進まない」、または「経営からのメッセージや方向性が現場に浸透しない」という課題が挙げられていた。

　部門間や、経営と現場といった立場や視点の違いから、皆がよくしたいと

いう気持ちを持ちながらも、それぞれの間でうまくコミュニケーションができずにお互いに同じ方向に向かって行動することができていない状態が多いことがわかる。相談課題の中には「設計と製造に共通する原価低減に対する考え方を確立することが課題」と、より具体的に踏み込んだ相談も寄せられている。いずれも、原価を共通言語にすることで課題解決に繋げることができる。原価情報が、現場と経営、部門間を繋ぐ架け橋になるのだ。

　なぜ、原価情報が課題解決になるのかの理由の1つとして、その結果のわかりやすさが挙げられる。原価は上がるか下がるかしかないからである。また、原価情報を広義に捉えて、売上や利益という概念も取り込むことができるが、その場合もその良し悪しは利益が増えるのか減るのかという1次元で判断できる。企業は儲け続ける必要があり、そのためには利益を上げ続けなくてはいけない。上がるのか下がるのか、増えるのか減るのか、この単純明快な判断基準をもって、現場と経営、部門間を越えたコミュニケーションが成立し、同じ行動方向性を決定できる。

　ここで重要になるのが、何をしたら原価が上がるのか下がるのか、または利益が増えるのか減るのか、その仕組みである。その仕組みが関係者に理解されている必要がある。原価の仕組みはできる限りシンプルにわかりやすく、また経営方針を反映したものでなくてはいけない。経営方針を反映したシンプルなわかりやすい原価評価の仕組みがあり、それを見える化することで、部門間を越えて自然に原価低減、利益向上の方向に行動を取るようになる。それゆえに、原価情報は戦略的コミュニケーションツールになるのである。

経営方針を現場行動に反映させる原価情報

　本書でいう原価情報は、財務会計としての原価ではなく、管理会計としての原価である。財管一致、すなわち財務会計と管理会計を一致させることにこだわる方もいるが、そのような必要は一切ない。財務会計は、株主などス

テークホルダーへの情報公開が目的であり、企業会計原則に基づいた原価計算が求められている。企業会計原則の代表的なものとして、継続性の原則や単一性の原則が挙げられる。継続性の原則は、一度決めた会計処理方法は毎年継続して適用するという原則で、期間による会計操作を防ぎ、財務諸表の期間比較性を担保することを狙いとしている。また、単一性の原則は、企業が作成する会計帳簿は1つだけしか認めないとする原則で、いわゆる二重帳簿など不正な経理を戒めることを狙いとしている。いわゆる財務諸表などの外部公開情報はこの原則に則らなくてはならない。

　一方で、社内の改善改革や社内成果の評価を行うことを目的とした管理会計としての原価計算に、この原則を適用する必要はない。そもそも目的が異なるのだ。財管分離と言われる考え方だが、管理会計としての原価計算は、そのときの企業の戦略や方針、何をよしとするかという評価基準を反映したものでなくてはいけない。その評価基準を、しっかりと管理会計としての原価情報に織り込み、見える化し、評価できるようにして、社員全員の行動指針とすることが重要である。

　理解しやすい事例として、『原価計算研究2012 Vol.36』（日本原価計算研究学会）に掲載されているトヨタの内外製判断のための原価計算が挙げられる。内外製の意思決定には経済性を検討するための管理会計としての原価計算評価を行うが、トヨタの場合はさらに、内製から外注への検討を行う場合の原価計算と外注から内製への検討を行う場合の原価計算で異なるコストを評価する。すなわち、内製から外注に切り替える場合と外注から内製に切り替える場合とで、意思決定のための原価計算評価は非対称となる。

　具体的には、内製から外注への切り替え検討では内製が有利になり、外注から内製への切り替え検討では外注が有利になる。すなわち、外注化は慎重に開始し、一度取引を開始したらその取引は簡単には中止しないということが意思決定のための原価計算に組み込まれている。この仕組みは、「1.長続きしないものを外注に出すな。2.量の安定したものを外注し変動するものは内

製で吸収せよ。3.一度外注に仕事を出したら引き上げることはできない。4.下請けから仕事を取るのは良くない。5.少量部品や中途半端な工程は内製で対応すること。」という、大野耐一氏の唱えた調達理念とも整合している。

　この非対称の内外製の意思決定システムは、内外製を頻繁に切り替えることなく安定的な取引関係の維持を志向させる効果があり、また安易に外注が選択できないことにより、自社内の生産能力を有効に利用することになり、直接作業費や設備効率などの各種製造原価の原価改善が促進される効果が期待できる。

　なお、トヨタの内外製判断のための原価計算の非対称性の1つの要素として、設備減価償却費の算入方法によるものが含まれる。これは財務会計とは異なるトヨタ独自の管理会計基準で、今まで述べた理念を実現するツールとなっている。また、トヨタの製品開発責任者は、原価企画において、各部品に目標原価の細分割付を行う際に、その部品をどこの工場で生産するか、どの設備を利用して生産するかについても基本的な決定権を持っている。このことによっても、原価企画の原価計算の中で、既存設備の有効活用などが促進され、新たな投資で固定費を増すことのないような行動動機が生まれる。もちろん、その行動を実現するためには、各工場の設備状況などを把握できるような見える化の仕組みがその背景に必要である。

原価の発生は製造段階でも決定は設計段階

　製品原価の80％は設計段階で決定する。しかし、その費用が実際に発生するのは生産準備や製造段階になってからである。すなわち、製造工程を知り、製造工程で原価が発生する仕組みを知らなければ、コスト検討はできない。製品原価のポテンシャルを規定する開発設計段階で、原価コントロールを行うためには、設計者が製造工程や原価の発生する仕組みを知っている必要がある。また、設計段階であっても、製品原価が最終的にいくらになるのか、見える化がされていることが前提となる。

そのため、設計部門において、設計基準や設計標準とともに見積標準を用意して、新規部品であっても設計諸元などから原価を見積もることができる仕組みやツールを用意して活用している企業も多い。しかしながら、その見積標準が、実際の製造現場の実力を反映し、十分な精度を維持できているかどうかという点では課題のある企業のほうが多い。地道に製造の実績をフィードバックして、適時見直しを続けていくことが重要である。

近年はIoTの活用によってより詳細な製造実績データを取得できるようになっている。見積基準の製造タクトタイムなどの見積要素についての基準についても、実績データをフィードバックして比較できることで、より精緻な見積基準の見直しが可能となる。その結果、見積精度の向上が期待できる。

なお、工程や作業ごとの時間までの詳細な実績データがフィードバックできない場合であっても、見積基準の精度という観点では、在庫ポイントとなる品目レベルの実際原価と比較できるだけでも効果がある。おおよそ一致しているようであれば、その見積基準を原価企画で利用することによって十分な精度が得られるので、関連する様々な判断を、自信を持って行うことができる。また、一致していない場合には、精度を向上させる活動を行うことができる。現場状況の把握と分析を行い、差異が小さくなるように、見積基準を少しずつでも改善して、見積精度を向上させていくことができる。

見積基準に対して、実際原価が極端に高くなる部品や工程では、見積基準において製造上の課題になる何かの視点が抜けていることが多い。例えば、ある諸元値が特定の値を超えたときに実際原価が高くなるなどの問題が見つかり、その値を超えると製造工程の特性上歩留まりが悪くなるなどの技術的な課題が明らかになることもある。製造部門では、歩留まりを改善する活動を行っているであろうが、製品品質上、その諸元値を変更することに問題がなければ、設計変更を行ってしまったほうが、より多くの改善効果が得られる。また、その結果を、設計基準や設計標準にさかのぼって見直して改定を行うことで、そのノウハウを次の開発や製品に継承して反映していくことが

できる。

　また、見積基準と比較して、実際原価が低くなっている部品は、製造部門の改善能力が高い部分であり、特に自社製造工程であれば自社の製造の強みが発揮できる部品である。見積標準を改定して、自社の実力を反映した原価企画での見積ができるようにすることはもちろん、その部品の活用できる製品種類を増やすことができれば、自社の製造の強みを活かしたコスト競争力ある製品をより多く世の中に提供していくことができる。また、積極的にその部品を新たな製品に採用していくことで、ますます自社の製造の強みが磨かれて、その強みをさらに強化することができる。設計部門はもちろん、製造部門も日々改善を重ねている。自社の強みを活用し続けることで、よりその強みを強化していくことができる。

図5 コストコントロールパイプラインにおける原価PDCAサイクル

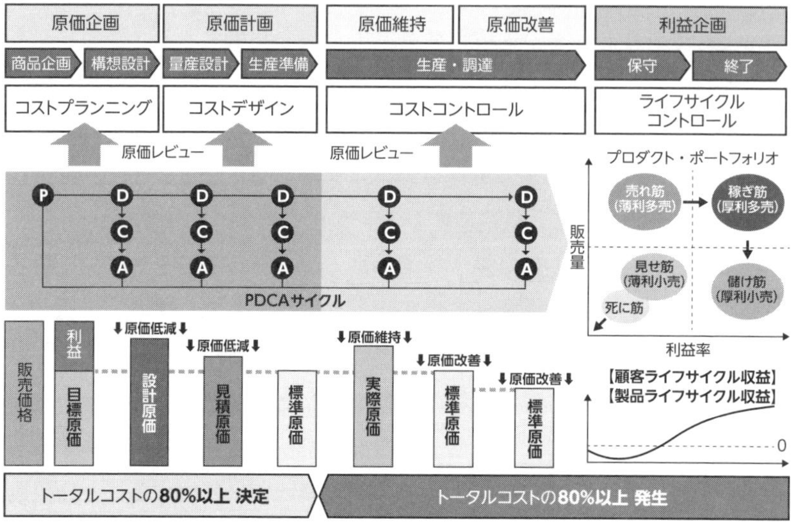

原価企画における見える化のポイント

　原価企画は、開発段階から原価のつくり込みを行うための取り組みであるが、開発段階の設計者は機能・品質のつくり込みばかりに追われていることがほとんどである。市場からの要求は増え、製品バリエーションは多岐にわたり、求められる品質についても高くなる一方である。そのうえに、設計者に原価のつくり込みまで同時に求めるのは酷である。

　そもそも開発設計段階で、設計中の製品の原価を評価しようにも、設計者には原価が簡単にはわからない事情もある。それにもかかわらず、製品原価の80％は開発設計段階で決定してしまう。設計者は開発中に機能や品質のつくり込みを行うための様々な試行錯誤、すなわち機能・品質のPDCAサイクルを回して、製品に必要な機能や品質を設計していくが、このとき同時に原価のPDCAサイクルも回して原価のつくり込みを行うことが必須である。機能・品質と原価のPDCAを両輪で回していくことが肝要である。

　そのためには、設計者が現状の業務に加えて、開発段階から原価のつくり込み、製品原価についてのPDCAサイクルも回せるような支援が必要になる。原価企画支援のための主な3つの施策として「1.コストダウンの知恵を出すための仕組み」「2.開発者のコスト理解とコスト意識向上」「3.コスト設計の目標設定と管理」が挙げられる。よくありがちな原価企画活動としては、3つめの「コスト設計の目標設定と管理」だけ、それも目標を達成していないと指摘するだけの管理をしているケースがある。

　設計者は原価目標が未達であると言われても、どうやったら原価を下げることができるのかわからなければ、手の打ちようがない。また、設計段階では原価目標を達成していても、市場投入のタイミングで原価目標をオーバーしているようなことも散見される。まずは、市場投入時の原価を設計段階で精度よく評価できるようになることが第一で、その次に設計者がコストダウンを検討するうえで、必要な支援が得られるようにしなくてはいけない。そ

れが1つめと2つめの施策である「コストダウンの知恵を出すための仕組み」であり、「開発者のコスト理解とコスト意識向上」などの目標達成のための支援である。特に、後者の「開発者のコスト理解とコスト意識向上」は、その基本となる重要なポイントである。

「開発者のコスト理解とコスト意識向上」を実現するためには、設計開発者のコスト意識を醸成することがポイントとなるが、1つの方法は教育である。製品を構成する部品の設計諸元とコストの関連性や、生産準備や製造工程でのコスト発生要因の知識と理解が必要になる。また、その前提としての製造現場の知見も要求される。知識や理解だけでなく、なによりも、コスト設計も機能設計も同じ開発者の能力発揮舞台であることを認識して設計に取り組めるようにすることが基礎となる。

その結果、1つめの施策である「コストダウンの知恵を出すための仕組み」も生きてくる。コストダウンの知恵を出すためには、外部及び関係部門の知恵を集めて発想を得る取り組みなどが有効な手法になるが、何がコストに効くのかがわからなければ、コストダウンの発想も生まれない。

設計者の教育や意識醸成の重要性を述べたが、それだけでは十分ではない。設計者は市場や顧客からの要求に応えるための各種検討、及びニーズ適合の品質基準や業界及び顧客固有の基準/規格など検討すべきことが山ほどあり、原価制約となる生産性や作業性の制約ならびに工場や外注先の納期制約、製造品質における基準まで同時に考えて検討することは難しい。開発設計の過程において、何が原価に影響するのかをわかってもらう、そして設計中に気がつくことができるように支援が必要である。すなわち、関連する主要なコストファクターの見える化を行う必要がある。

特に、設計者にとっては製造視点のコストファクターは理解が難しいが、設計が完了して製造段階に進んでしまうと、製造部門の改善だけでは大幅なコストダウンは見込めない。設計段階でのコスト検討を十分に行うことができないと、生産準備段階や製造段階での改善のために、本来は不必要な設備

投資や治具開発、及び作業者教育などが必要になり、ますます新規投資を増やして固定費が増加してしまう。コストは設計段階で十分につくり込む必要がある。

図6 原価企画のおける見える化のポイント

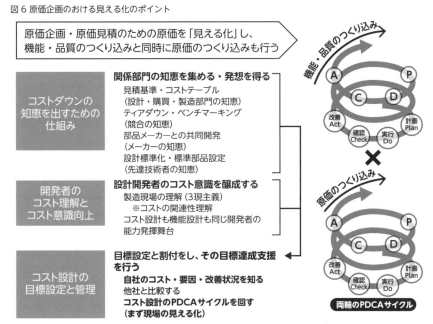

ネジ1つで大きく変わる製造視点のコストファクター事例

　工場の組立工程における改善事例を取り上げて、製造視点のコストファクターを理解したい。組立工程では、作業者の前に電動ドライバが複数ぶら下がっている製造現場をよく目にする。作業者は流れてきた製品を、目の前にぶら下がっているドライバを使って、ネジ締めをして組み立てていくのである。組立ラインに流れてくる製品で使用するネジの種類が複数あると、その種類分だけネジが用意され、またドライバが複数ぶら下がることになる。

工場の製造現場で、この作業のタクトタイムを短くせよと指示を出すと、よくある改善として、ぶら下がっているドライバが揺れないように固定カバーをつけたり、ドライバの取り間違いを減らすために見やすいマークをつけたりする。実際にこれだけで作業効率は改善するのである。しかし、それだけでは改善不十分として、さらなる改善を求めると、流れてきた製品に応じた作業に必要なネジやドライバがランプで指示されるような治具設備が登場したりする。確かに作業効率は改善するかもしれないが、これは新たな投資を伴い、固定費を増やしている。作業改善によって、この固定費を増やした投資分を、また新たに製品の売上から追加で回収していかなくてはいけない。

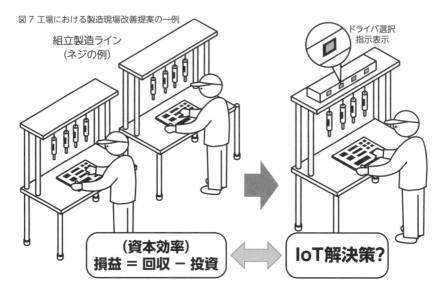

図7 工場における製造現場改善提案の一例

　この問題に設計段階からアプローチした事例がある。組立ラインごとに、そのラインで組み立てる複数の製品で使用するネジを1種類にするように共通化を徹底し、製造現場では1種類のネジと1種類のドライバだけで作業ができるようにした。その結果、組立作業スピードが大幅に向上し、実際に工場のスループットは大幅に増大したとのことである。設計者には相当の割り切

りや、開発設計上の工夫が必要であったことは想像に難くはないが、製造現場では新たな投資はなく、大幅な改善が実現できているのである。

　ネジは1種類にすればよくなるのかというと、製造現場はそれほど単純ではない。金属部品の固定、プラスチック部品の固定で同じネジを使用したとしても、それぞれの部品特性によりネジを締めるトルクが異なることがある。すると、製造現場では、作業者による品質ばらつきをなくすために、トルク制御つきのドライバを利用する。1つのドライバで作業中にトルク切り替えをするのは非効率なので、組立ラインには、トルク設定値の異なるドライバが複数ぶら下がることになる。また、防水密閉型の製品の中でネジが使用されていると、組立作業が終了した後にネジの締め忘れによるネジの余りがわかり、完成した製品を分解して組立作業をやり直し、防水テストもやり直すというようなことが、現実として発生してしまっている製造現場もある。

　世の中の製品を見渡すと、そもそもネジを使わない設計に切り替えられた製品事例も見つけられる。工場の設備などに取り付けて設備の稼働状況を積層された複数のライトを発光させて知らせる積層式の信号灯もその1つだ。

図8 株式会社パトライトの積層信号灯の例

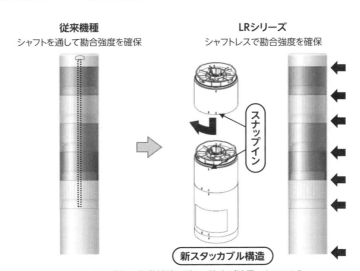

そもそも、厳しい振動試験に耐える強度が確保できるのか？

Copyright© 2015-2017 PATLITE Corporation. All Rights Reserved

例示した（株）パトライトの積層信号灯LRシリーズの図を見るとわかるが、旧式の積層式の信号灯には中にシャフト（芯棒）があり、積層されているライトの色の数によってその長さが異なる。色数によって異なる部品が利用され、ネジ締めされていた。ところが、新製品では、ネジがなくなり、積層ライト部分が工具なしで組み換えや増減段の段替えができる方式の仕様に変更されている。また、この仕様変更によって、利用するユーザ自身で積層ライト数やその色順を簡単に変更可能になっている。この仕様変更の効果としては、大雑把に見ても次の効果が推定される。内容を見てもらうと理解しやすいと思うが、実に製造段階での原価低減効果が極めて大きい。

・機種間の部品の大幅な共通化：積層ライトの共通化。部品点数削減
・開発期間短縮と開発コスト低減：共通化による開発設計の効率化
・**材料費の大幅低減：共通化と部品点数削減による直接原価低減**　｝製造原価低減
・**調達管理コスト削減：共通化と部品点数削減による間接原価低減**
・**在庫削減と在庫リスク低減：直接及び間接原価低減に繋がる**
・**製造準備と製造工数低減：治工具投資不要。組立作業時間短縮**
・販売施策の自由度拡大：ユーザ自身も組立可能（最終組立前の出荷も可能）

　現在、積層ライト部分がネジや工具なしで組み換えや増減段の段替えができる方式の積層式の信号灯は、複数のメーカーより発売されている。この発売に当たっては、開発設計段階において、耐振動対策などの製品機能や品質の検討が多数行われて技術革新もされているはずではあるが、あとから思えば誰でも気がつきそうなアイディアが正式に発案され採用されて、その改善事項が開発段階で着実に実施できる仕組みを持っていることは大きな強みである。開発設計における原価企画段階において、全体最適の原価の見える化、すなわちコストファクターの見える化が実現できていることが、その推進を後押しする。

ここで読者に伝えたいことは、製品からネジをなくしたほうがよいということではない。また、コストファクターを見える化するということだけでもない。この事例において、コストファクターを見える化したうえで、どのようにこのような知恵を出し、改善アイディアを生み出して、またそのアイディアを実際の製品に適用するに至ることができたのか。その仕組みに考えを巡らせてほしい。

設計変更には設計者の抵抗があったことも想像できるし、品質確保の難しさもあったと思われる。改善アイディアの効果を最初から明確に説明して推進できたのか、新しいことをしようとすると登場する社内の反対者はいなかったのか、改善実現のための説得はどのようにしたのか。それらを乗り越えて、会社として利益を上げるための、アイディアをより多く出して、そのアイディアを評価して推進し、実際に実現までたどり着けるようにしていくために必要なことは何だろうか。事例を通じて考察を加えたい。

原価企画における原価見える化とコストダウンアイディア創出の事例

日本を代表する回転灯、信号灯メーカーであるパトライトの事例を紹介する。同社では、設計と製造の情報を連携する「ものづくりコミュニケーションプラットフォーム」によって、原価企画におけるアイディア創出を促進し、製品粗利を大きく向上させている。先の図で取り上げた例もそのアイディアの1つである。

従来は、設計や製造、購買、営業の各部門間のコミュニケーションが不足し、共通理解に課題があった。そのため、開発設計段階における共同作業場として、既存の技術情報システム（自社開発BOM-DB）及び生産管理システムと連携する形で国産PLMパッケージをベースとした「ものづくりコミュニケーションプラットフォーム」システムの導入を行った。それにより、開発設計の早い段階から関係するメンバーが容易にいつでも同じ最新データにアクセスして、QCD 向上策について部門を越えて検討できるようになった。ま

た、その共同作業場の中で、様々な改善アイディアに対する効果や影響をすぐに検証評価できるようになったのである。

その結果として、新規の製品粗利率が向上するだけでなく、製品開発工数も大幅に削減されて開発期間も短縮するなど、企業全体の収益が大きく改善している。開発設計プロセスも効率化され、開発設計者が新しい技術の研究や高機能な部材、コストダウン策の検討など、付加価値業務に割く時間が増えたことの効果も大きい。製品間の部品の標準化と共通化も大きく進み、部品品目点数も大きく減少した。従来、実現することが難しかった新製品の開発期間短縮や上市時の目標原価達成のいずれもができるようになった。

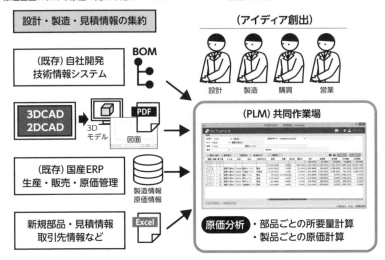

図9 原価企画における原価の見える化とコストダウンアイディア創出の仕組み

原価情報の見える化でアイディアを創出

目標を共有し、嘘をつかない数値を共通言語として部門を超えて同じ方向に向かって協力できるようにする。目標原価と市場投入時の原価の乖離が大きい課題の解決を担うことになったマネージャは、システム導入の目的をそ

の言葉に集約する。従来は、各部門がそれぞれの立場での部門最適な数字をつくり出していた。課題解決活動の当初は、開発に関わる直接業務と間接業務の無駄な工数を省くことによる開発コスト低減と、開発中に品質問題が発生することによる開発期間の遅延を抑え開発リードタイム短縮を図ることを通じて、開発段階におけるQCD改善を狙った。しかし、管理面での改善だけでは根本的な解決は難しかった。課題の分析を進めたところ、各部門の状況が次のように明らかになったのである。

営業・販売企画部門においては、「製品機種数が多く販売見込精度が悪いと問題視されているが、お客様の機種に対する要望は無視できないので多品種は当然である。販売見込が狂って製品コストの悪化が起こるのは、むしろ開発遅延や原価高騰に対応できない開発と製造の体制が主原因だ」と考えていた。

開発部門では、「購買数量による仕入価格の変化を見越すことなく見積を実施することや、開発後半に発生する品質問題解決のためのコスト増が課題である。開発時の価格調査は行っているため、原価は購買部門がやりくりすべきで、品質評価後の設計変更はやむを得ない」という意識だった。

また、購買部門は「開発都合で部品を決め、品質評価後に設計変更もするためコストの詰めはあとになり、しわ寄せは全て購買部門になる。販売計画もいい加減で、目標原価に収めるのは無理だ」と、被害者意識を持ち、受け身の風土になっていた。部門間の協調がうまくできず、目標原価と市場投入時の原価の乖離は広がるばかりであった。

問題の本質は部門間のコミュニケーション不足にあることがわかり、担当マネージャは改革すべきポイントを「コミュニケーションと共同作業」と定義して解決策の模索を進めた。同時に進めていた製品の標準化と共通化の取り組みの中で、原価企画における原価見積計算の業務プロセスが課題となっていることもあり、その解消も狙った「ものづくりコミュニケーションプラットフォーム」システムを企画して導入を行った。改革すべきポイントとして

抽出した部門間のコミュニケーションと共同作業の実現を行うために、関連部門が一緒に共同で原価企画を行う重要性についての認識を持つことが必要と考え、システム導入には各部門よりメンバーを選出して実施したのである。
　同社の導入した「ものづくりコミュニケーションプラットフォーム」は、自社開発のBOM-DB（E-BOM）ならびに既存の生産管理／原価管理システムと連携させて既存部品や新規設計部品の原価情報を取得して、容易にコストシミュレーションができるようにした。それによって、設計情報や見積情報も、原価情報と紐づく形で開発部門と購買部門など、関係するメンバーがいつでも容易に最新データにアクセスができ、QCD向上策を部門の壁を越えて検討できるようになったのである。それによって、開発部門と購買部門、営業・販売企画部門から、様々な改善施策のアイディアが出せるようになった。特に、購買部門からは、製品を横断したコストダウンアイディアが数多く出された。また、同システムによって、そのアイディアをすぐに検証評価できるようになった効果も大きい。
　製品の標準化と共通化、コスト改革としての原価企画の仕組み導入においては、開発部門、購買部門、営業・販売企画部門が参画したプロジェクト体制とし、開発部門と購買部門、営業・販売企画部門が一緒に原価をつくり込む業務プロセスをつくっていった。具体的には、構想設計段階からプロダクトマネージャが製品開発の設計指針を宣言して意識を共有するルールを設け、同じシステムのうえで目標を共有し、嘘をつかない数値データを共通言語としたのである。
　活動を通じて、目標が関係者全員の共通で目指すべき納得感のある数字に変わった。これにより原価企画に対する参画意識が上がり、改善のアイディア出しも活発になった。開発ステップの中の主なレビュー関門において、開発部門、購買部門、営業・販売企画部門がそれぞれの数値目標に向かって一体となって活動することで、短期に目標原価を達成できるようになったのである。部門間のコミュニケーションは改善し、開発工数はもちろん、管理工

数の大幅な削減にもつながっている。

スピードがより多くのアイディアを生み出す

　よりよいアイディアを出すという観点では、スピードはとても重要な要素となる。本事例の効果創出においては、原価計算のスピード向上も大きな役割を担っている。同社では従来、Excelを活用して原価企画における原価見積計算を行っていたが、影響の大きな変更では、その計算に数日を要することもあった。ところが、新システムの導入によって、同様の計算でも数分で結果がわかるようになった。

　この効果は大きく、原価計算のスピードアップによって、1つのアイディアがよりよいアイディアを次々と生み出す状況が生まれる。あるアイディアの効果を確認して、よい結果が出れば同様のアイディアを次々と試すことができるし、結果が好ましくなければ別の方向性のアイディアをすぐに試すことができる。アイディアが生まれたら、すぐに原価計算を行って原価見積結果を確認することができ、その結果を見てさらに次のアイディアを検討できるのである。従来よりも短時間で、従来よりも多くの原価検討が、確かな数字に基づいて判断しながら行えるのである。これは、原価企画における原価検討の高度化手法の1つである。

　スピードについてつけ加えると、数日と数分の間には、とても大きな隔たりがある。イメージしてほしいのだが、あるアイディアに対するアクションをとって、その結果が数日経たないとわからない状況と、数分で結果がわかる状況とでは、同じ結果を見て次のアイディアをより早く思いつく可能性が高いのはどちらであろうか。

　たいていの人は、数日も時間が経ってしまうと、そもそものアイディアがどのようなものであったかすら記憶が薄れてくるが、数分であればそのアクションを行った背景やその検討根拠も明確に覚えているし、なにより頭が活性化した状態である。頭が活性化された状態で、そのアイディアに対する

効果の評価をもらえると、その結果に対して、次のアイディアが浮かんでくる。まさにアイディアが次のよりよいアイディアを生むのである。この案がよければ、こっちの案も効果があるのではないか。この案の効果が芳しくないので、別の案を試してみようなど、次々とよりよいアイディアの検討が進む。これが、アイディアの良し悪しの結果が翌日以降になって明らかになるような状況では、上記のようなサイクルは非常に遅くなり、低調になってしまうことが想像に難くない。よいアイディアが生まれるかどうかの差は歴然である。

なお、同社における同時期の取り組みの1つに、製品の標準化と共通化もあった。部品構成の見直しを進めていく中では、原価企画における原価見積計算の業務プロセスが課題となっていた。多数の機種の原価見積計算を行う必要があり、その計算に時間がかかるが、その最中にも部品変更が発生する。さらに、手配ロット数を算定するために所要量計算も行い、その結果を反映する必要がある。当時はExcelを活用して開発者の手で計算していたため、この手間もかなりの時間を要するものであったが、群設計の改善適用を進めていく過程で、計算をすること自体が難しくなりつつあった。それらの課題も、同社の「ものづくりコミュニケーションプラットフォーム」システム導入後は大きく改善した。

部品変更に対する影響についても、短時間で全機種にわたって評価できるようになった。これまでは「テーマ承認」⇒「商品企画」⇒「詳細設計」⇒「量産検証」という標準プロセスの中で、類似品による見積、ベテランの勘と経験による見積、図面見積という手順を経て進んでいたが、開発後期に目標原価の未達問題が頻発し開発プロセスに戻って再検討するケースが多かった。システム導入後は上流の「テーマ承認」の段階から、開発部門と購買部門、営業・販売企画部門の共同作業で見積を前倒しで行うようになった。原価見積が早期化されるとともに、原価計算時間が大幅に短縮されたので、開発初期段階から原価低減の様々な施策を十分に検討できるようになった。そのう

えで詳細設計、量産設計に入れるようになったため、開発後期の目標原価未達による手戻りは激減した。本事例からもわかるように、スピードは高度化である。製品開発プロセスにおいて、多数のアイディアを創出し、十分な施策検討サイクルを実施できる。

設計が変わる製造情報の見える化

　製造工程情報を一元管理していることは、「損益＝回収－投資」という観点でも、大きな効果を生み出すことができる。開発初期段階から各拠点の治具設備の制約を考慮した設計が可能になる。既存の治具設備をそのまま利用できるように新製品開発を行えば、初期投資を抑えたモノづくりビジネスを行うことができる。特に、製品仕様上問題がない範囲で、現状で余裕のある製造設備が利用できるような設計を行うことで、生産立ち上げが早まり、追加設備投資を行うこともなく、また余計な費用も発生せず、習熟した製造ノウハウを利用した効率的なモノづくりビジネスが可能になる。また、追加の製造設備投資をする場合でも、その投資で見込んだ複数製品にわたる回収計画とその進捗を適切に管理し、将来の計画にフィードバックしていくことができる。すなわち、製品ライフサイクルでの損益管理が可能となる。

　製品原価の見える化だけでなく、品質情報や調達リードタイムの検証などを行えることも大きな特徴である。各拠点の製造情報を参照して、製造性や調達性などを考慮した設計が行えるため、製品機能や製品品質とともに、製品原価も同時につくり込むことができる。開発段階の原価企画活動で様々な原価低減策の検討が実現可能となる。

　例えば、設計段階で安全を見て公差を狭く取るだけで製造性や調達性が厳しくなるような場合もある。一方で、現行の生産技術を踏まえて品質の確保ができるという保証が取れ、公差を適切に設定すると生産性が大幅に上がり、原価低減や製造リードタイムの削減を実現できる場合なども存在する。製造性や調達性の高い部品とそうでない部品が設計者にも見えるようになる

と、開発段階から原価や製造及び調達リードタイムを考慮した製品開発の仕組みをつくることができる。モノづくりの下流の製造現場でできる改善活動には制約が多く、その努力に対する効果は限定的になりがちだが、上流の設計からモノづくり全体を考慮した取り組みを行うことで、全体のリードタイムや原価を抜本的に見直すことも可能である。

設計者にコスト意識を根づかせ、原価見積のPDCAを実践した事例

　もう1つ、設備メーカーの事例も紹介しておきたい。同社では、個別要求の比重が高く、案件ごとに見積原価積算を行っていたが、見積原価と実際原価に乖離が発生して利益確保に影響が出ていた。設計部門では、案件ごとに毎回新規に図面作成を行っており、製造納期ギリギリでの出図となっていた。知りたい情報が分散化され、図面やBOMならびに原価情報を探し出すことが難しく、過去情報の活用や積算原価の妥当性チェックを適切に実施できていなかった。そのため、同社では「原価積算業務の効率化」「原価積算の精度向上」「設計資産活用による原価低減」の3つの課題解決を図り、改善に向けたPDCAサイクルを実現していったのである。

　同社がまず取り組んだのは、設計者のコスト意識向上のための原価の見える化であった。そして、設計者が積算した見積原価と過去原価の比較、及び見積原価の妥当性確認をスピーディに行えるようにし、設計段階での想定利益確保を目指した。また、CADからの3D設計情報を統合管理して、容易に過去資産の検索を可能にするなど、過去の設計資産を積極的にスピーディに活用できる環境を用意して、設計者の都度設計削減や過去資産比較による知見獲得及びコストダウン検討を支援できるようにしたのである。

図10 設計者にコスト意識を根づかせ、原価見積のPDCAを実践する仕組み

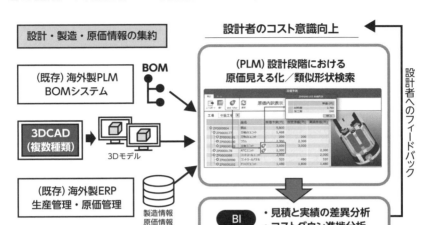

出図前の原価見える化

　同社ではトップダウンで設計者にコスト意識を根づかせるという活動を行っていった。まず、設計者の原価意識を高め、設計段階でコストを意識したBOMを作成する習慣を根づかせるために、設計時点ですぐに見積原価を評価できる環境を用意したのである。具体的には、既存の設計用のPLMシステムの設計BOM情報と既存のERPシステムの原価の情報を集約する新たな原価見積作業用のPLMシステムの導入を行った。設計部門が見積原価を積算評価する際には、実際原価も同時に見えるようにした。

　既存部品については見積と実際原価との乖離もその時点で明らかになり、楽観的な見積原価の積算ではなく実態に基づいた見積ができるようになった。また、見積と実際原価で大きな差異があるものについては、その理由を追求し、製造段階でコストが増加しないような設計の改善が検討できるようになった。過去の類似する製品について、製品レベルでの見積原価と実際原価の比較もできるようになり、原価積算業務の効率化だけでなく見積原価の

精度向上につながっている。設計段階での原価の見える化で、設計者の行動は変わるのである。

設計成果物の共有と活用

　また、同社では受注案件ごとの個別要求の比重が高いため、受注設計のための設計者が多い。設計資産活用による原価低減を目指すに当たって、設計者間の設計成果物の共有も課題となった。そこで、見積原価評価環境のPLMの中で、CADで作成した3Dデータを活用して形状の似た過去設計資産の検索ができるようにしたのである。新たな原価見積作業用のPLMシステムの選定の際には、この類似形状検索機能のパフォーマンスが1つのポイントでもあった。

　BOMや原価などの関連情報も統合された環境の中で類似形状検索を行うことにより、類似する過去設計資産を多方面から比較し、変化点を可視化できる。過去の設計資産、特に他の設計者の作成した設計資産を有効に利用できるようになり、新たな設計を行う必要が削減されるとともに、実績情報を踏まえた設計検討も可能になる。また、他の設計者の工夫やノウハウの理解や共有などの効果も挙げられる。BOM作成や原価積算業務のスピードが向上するだけでなく、品質向上及び原価低減の取り組みも高度化できる。

　このBOM作成と原価積算業務のスピードアップは、次工程での原価低減活動の効果にも繋がっている。資材部門がサプライヤからの見積を精査する時間が増え、また過去の類似品等の分析を行い、価格妥当性も評価しながら原価低減に取り組める。また、部品の標準化（名寄せ）によるロット購入による部材費低減も可能になる。全く同じ部品でなくても、素材が同じで同じ設備で加工ができるものは、サプライヤでまとめて作業することでコストダウンできることも多い。設計情報を見てから最終的な見積取得までに一定の時間が確保できるようになり、資材部門においては今まで以上にコストダウンができる発注方法を検討することができるようになった。今後はこの時間

を利用して、サプライヤと一緒にコストダウンを模索するような取り組みも期待できる。

見積原価の改善PDCAサイクル実現

　同社では次のステップとして、見積原価の精度を評価し、改善に役立てる取り組みを行っている。見積時の積算原価と実際原価の差異低減をモニタリングするとともに、その差異を分析して差異要因を見積原価積算業務にフィードバックする。また、製品原価そのものを低減していく活動についても改善状況を評価する。個別案件ごとの製品仕様には差異があるが、その影響を踏まえて全体としてのコストダウンが進んでいるかどうかを分析し、個別案件ごとの適正利益を確保しつつ、将来の競争力の獲得を目指した取り組みを行っている。

　なお、これらの評価や分析には、BI（ビジネスインテリジェンス）システムを用いている。原価見積作業用のPLMシステムから関連する原価情報をBIシステムに連携集約して評価分析環境を準備し、製品群ごとの計画値と実績値の対比結果を踏まえて、収支見通しを見直すとともに経営情報にもその結果を反映している。

廃番計画と損益シミュレーションの事例

　もう1つ、製品ラインナップの統廃合、特に製品（商品）へのモジュラーデザイン適用などによって、製品種類の体系整理を行うような場合の損益シミュレーションを行った機器メーカーの事例を紹介しておきたい。このようなケースでは、販売計画における製品ミックスの変更を伴い、工場または事業全体としての損益評価を行う際に、単純な原価積算だけでは損益見通しを誤ることがある。販売製品ミックスが変更されることにより、販売計画も大きく見直されるが、その結果として、製造原価を算出するために利用する各種レートや配賦率に変更が生じるからである。

販売計画が変更されることと、製品自体のモジュール化によって、製造リソースの利用状況が変わることにより、従来よりも全体の販売数や販売高が落ちたとしても全体としては利益が増加するケースや、その逆になるようなケースがある。このような状況をあらかじめ評価して検討を行うために、原価管理システムとPLMシステムを組み合わせて、シミュレーションを行うことが有効である。

　原価管理システムで販売計画から展開して原価計算を行う予算原価シミュレーション機能と、PLMシステムの原価積算機能を組み合わせて損益シミュレーションを行う手法は、新製品の市場投入や既存製品の廃番による工場や事業全体の損益や投資回収、廃番計画シミュレーションを行う際にも利用されている。その方法としては、新しい製品ミックスの販売計画に基づく予算原価シミュレーションを行い、工場の設備などの製造リソースの稼働率からチャージレートを算出している。PLMシステムでは、そのチャージレートを用いて、製品原価の見える化を行う。販売計画が変動することによる工場全体利益の見える化を行うことができる。

　なお、システム化の観点では、本事例ではシステム間のデータ連携はある程度の簡易化は行っているが、大半を人手で行っている。自動連携できればそれに越したことはないが、このような計算を行う必要がある製品シリーズの見直しなどのイベントはそれほど頻繁に行うものではないので、自動化のための開発費用を考えると、既存のパッケージシステムを組み合わせて、多少の人手を介しながらでも緩やかにデータ連携して目的を実現することもリーズナブルな手法と言える。

図11 損益・投資回収/廃番計画シミュレーションの仕組み

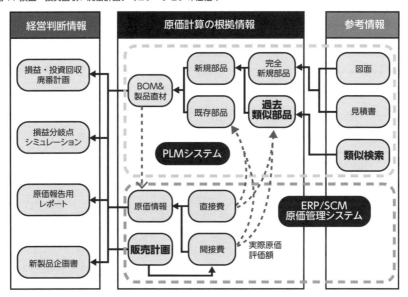

column
配賦計算こそ原価計算の経営ツール

　製品別原価を計算するのに、加工費については一般に配賦計算されることが多い。誰がどの製品にどれだけ時間をかけたかという実績を把握するのが容易ではなく、また、治具設備についても、それぞれどの製品にどれだけ利用されたかの実績を把握するのが難しいからである。そこで、配賦計算が登場する。

　ある機械部品メーカーの事例で言えば、つくった生産台数ベースで労務費や設備減価償却費を配賦計算していた。例えば、生産実績が10台と90台の製品があると、それぞれの製品に対して総額を1:9で振り分ける計算をすることになる。しかしながら、それぞれの製品単価には大きな違いが

あり、また生産ロット数（1回で製造する台数）も異なる。もちろん、生産実績が10台の製品のほうが、生産ロット数が小さく、結果として段替え回数、そして工数などが大きく異なる。配賦をした結果の金額だけを比較すると、どの製品もおおよそ1台当たり同じ金額が賦課されているが、実際にストップウォッチで、製造ラインで各製品を製造している作業を計測してみたところ、おおよそ倍の時間差があった。すなわち、実際の作業時間や設備の使用時間を基準として原価計算すると、該当費用の原価が倍半分になるわけである。そして、この作業時間や設備使用時間を基準とした原価のほうが実力値に近いと言える。

　多くの企業は原価計算の際に、原価の内訳である加工費や経費などの一部の費目で、実測値ではなく配賦計算で原価を集計している。配賦計算をしているということは、なんらかの基準によって、原価を複数の製品に振り分けて計算しているわけだが、基準次第で製品や工程の現実を無視することにもつながり、実態との乖離が生じる可能性がある。配賦計算も原価管理の目的と整合が取れていればよい。しかしながら多くの場合は、ここから先はよくわからない、もしくは実績を取るのが難しいから、とりあえず実績の取れるこの割合で配賦計算をしておこうということになる。ところが、一度決まるとその数字が独り歩きを始める。その結果、原価計算の中で毎回数字が丸められ、本当の原価が見えなくなってしまうことが多い。配賦計算をするということは、配賦基準にもよるが、その費目のコントロールを諦めているということである。

　そもそも、配賦計算とは、共有コストを製品や顧客などの個別の管理単位に振り分けることである。そこには、管理部門間でのコストの押しつけ合いになる可能性が含まれている。すなわち、配賦計算の本質は、社内の利害関係をどのように調整するかということでもある。特に、各部門で原価計算をさせる場合などは、各部門単位に都合のよい数字を採用して、部門原価の合計が工場や会社全体の原価とおおよそ一致しないような例もあ

る。少なくとも1つの数字で議論ができる共通の土台が重要である。

　また、この配賦計算のルールによって、人の行動が変わるのである。どのようなインセンティブづけがその背景にあるか、そのルールの範囲内で担当者がどのような行動をとると予想されるか、これらを加味して配賦計算のルールを決める必要がある。この配賦計算ルールには、経営や事業戦略の思想を積極的に反映すべき部分だと言える。

　本書で述べている製品事業力評価の観点で、配賦計算はどうあるべきだろうか。製品群ごとの投資回収という考え方に基づけば、その設備投資はどの製品事業を行うために投資をしたものなのかが重要であり、実績いかんにかかわらず、その製品事業に全額配賦されるべきである。このケースでは、実際には配賦計算は不要で、また設備減価償却の計算も不要である。購入費用をそのまま該当製品事業に直課すればよい。

　複数製品を念頭に設備投資を決めた場合には振り分けが必要になるが、購入決裁時の計画値を配賦基準とする考え方もある。製品事業力評価の観点では、単年度ではなく複数年度をかけて、その投資が回収できたかどうか、回収できそうかどうかが重要な目的であり、評価視点である。時折相談を受けることのある「担当者が減価償却費の高い高性能な設備の使用を避けて、自身の担当する製品の見かけの原価を低く見せる」というような手法は、この原価計算においては通用しない。大局的な視点での原価改善が期待できる。また、計画に対して実績を対比させることで人は事実に基づいた反省ができ、よくなった場合でも、悪くなった場合でも、反省によって、次の計画をよりよくできる。

　配賦計算をせずに直課できるのであればそれに越したことはない。配賦が必要になる場合には、配賦計算を、その基となる管理会計原価計算の目的と整合させ、また部門間の利害関係調整、そして原価低減活動の行動動機に繋がるものにする必要がある。原価情報は戦略的コミュニケーションツールである。積極的に原価情報に経営方針を織り込むことが重要である。

製造業の儲けの本質を強化

　第3章で、製造業の儲けの本質は「固定費マネジメント」であり、製造業は先行投資した費用（固定費）を時間をかけて回収する「固定費回収モデル」であると述べているが、業務領域と原価構成の観点でも、その強化ポイントを再確認したい。製造企業が自社単独でコントロールできる部分があれば、その部分は最も改善自由度が高く、かつ改善余地の大きい部分になる。また、自社単独でコントロールできる部分の割合を大きくできれば、そこには新たな改善余地が生まれることになる。

　まず、業務領域の観点で、各業務領域におけるコントロール事項と自社単独でのコントロールレベルを整理する。業種や各企業によって、コントロールレベルは異なるが、おおよそありがちな業種の1つの例として次のように整理した。当たらずとも遠からずといったところだと思われる。多くの製造企業において、自社単独でコントロールできる業務領域は、製造業務である。自社努力で自由にいくらでも改善が可能である。また、原価企画において製造業務の自由度を握る開発設計業務が、製造業務に続いて自社単独でコントロールできる業務領域である。

- 商品企画：△　市場に受け入れられる必要あるが、つくるものを決定可能
- 開発設計：○　品質コストの制約はあるが、製品仕様決定の自由度は高い
- 調達業務：×　調達価格を自社独自には決定できず、市場の影響も受ける
- 製造業務：◎　設備投資制約はあるが、付加価値部分を自社独自に決定
- 販売業務：×　売価決定は市場競争にさらされ、顧客に受け入れられる必要も有

　また、原価構成の観点でも自社単独でコントロールできる部分を確認しておきたい。企業全体の原価構成において、自社単独でコントロールできる部

分は、企業が新たに生み出す価値、すなわち付加価値の部分である。付加価値とは売上高から外部調達費を引いたものであり、利益はここから生み出される。また、利益とは付加価値から営業や管理などの費用を引いたものである。

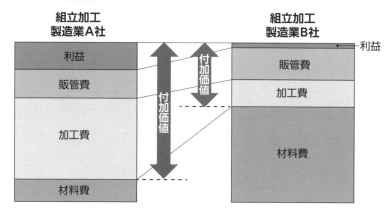

図12 企業全体の原価構成例

（付加価値*）＝（売上高）－（外部調達費）
（利益）＝**（付加価値*）**－（営業や管理などの費用）

＊付加価値＝自社単独でコントロール可能な原価企画余地

　すなわち、利益を増やすためには、付加価値の全体を増やすか、営業や管理などの費用を下げるかである。また、付加価値を増やすためには、売上高を上げるか、外部調達費を下げるかである。売上高を増やせる環境であれば、売上高に応じて付加価値も増大するが、競合がいる環境や特に近年の顧客ニーズの多様化した環境で、その実現を確実なものにすることは難しい。また、コスト競争力、稼ぐ力という観点では、売れるか売れないかは自社努力だけでコントロールできるものではない。

　売上高に頼らずに、付加価値を増大させるためには、外部調達費を下げることである。真っ先に思いつくのは、調達価格のコストダウンであるが、調

達価格が自社単独でコントロールできる部分でないことは、先にも述べた通りである。外部調達費を下げるには、もう1つの方法がある。従来調達していたものを内製化するということである。今まで調達していたものが内製化できると、その分の外部調達費が減少し付加価値が増大する。いわば、調達先の付加価値を自社の付加価値として取り込むのだ。

　調達部品を減らして自社で内製する部品を増やすということは、今までは調達先の利益となっていた費用を自社に吸収したことに加えて、ブラックボックスだった費用構造が見えるようになる。費用構造が見えるようになれば、改善によってさらにコスト削減できる可能性も広がる。

　付加価値を拡大することの意義は、自社単独でコントロールできる部分を増やし、コストダウン余地をつくり出すことである。すなわち、付加価値部分が最も原価企画の余地が大きい部分であり、先に述べた業務観点で言うところの自社単独で最もコントロールが可能な業務プロセスである製造業務とも一致する。また、製造業務のコストポテンシャルの大枠を決めているのが、次に自社単独でコントロールできる業務プロセスである開発設計業務だ。

　なお、付加価値の増大という観点は、自社での内製化に限らず、自社でコントロールできる製造拠点で内製化する場合においても同様の効果を得ることができる。他社に製造を委託する際に、製造工程にまで入り込んでコスト構造を見える化し、設計と製造をあわせて改善（コスト削減）できればそれに越したことはない。一般には、なかなか難しいが、アップルが外注先に工作機械などの設備を支給してその製造工程を把握し、社外であっても内製化をすることで、実質的な付加価値を増大させているのはよく知られている。また、自社にない技術や生産能力をM&Aや合弁などによって取り込んでいるような例も見受けられる。

　そこまで行わなくても外注先の工程を理解できていることは、発注の仕方によるコストダウンの検討や価格交渉を行いやすくなる。外注先の工程や設備状況などを確認するのは、外注先にお願いして実現できればそれに越し

たことはないが、納品に課題が発生したときなどは特にそのチャンスで、視察などが受け入れられやすい。その際に、しっかりと外注先の工程や設備と製造制約を把握しておくことが重要だ。どうしてもコストダウン要求に応じてもらえないときも、要求をあきらめる代わりに外注先の情報を聞き出すなど、タダでは引き下がらないようにする。また、外注先と信頼関係をつくって協力ができれば、もう一歩進んで外注先と一緒にコストダウン検討を行うこともできる。実際に、外注先と一緒に工程情報を考慮したコスト改善を行っている事例も存在する。

　自社への付加価値の取り込みを行うケースでは、それまで変動費だったものが、固定費になる。変動費が減り、固定費が増えるため、損益分岐点が変わらないとすると、同じ売上高であれば利益が増えることとになる。一方で、売上が減少して損益分岐点を下回ったときの赤字幅も増える。固定費の変動費化によってリスクを減らすことが流行ったこともあるが、それによって収益力が落ち、競争力の源泉であるノウハウを失った話も聞く。リスクを管理しながら、自社の収益力を高めていくことが必要だ。

　特に今後は、人手不足はますます拡大し、一方でIoTやAIによる自動化が進んでいく。将来的には、生産管理などの製造間接業務は定型化とIoTやAIの活用によって、リードタイムの短縮や在庫削減、物流倉庫などの各種管理費用の削減が期待できる。自社が製品に付け加える付加価値を拡大することによって、コスト構造を高収益体質に変革していくことは、今後の有力な選択肢の1つであり、ますます固定費管理、すなわち投資回収管理は重要な課題となる。

プロダクト損益管理で製品事業力を強化

　財務会計として開示する原価情報は、企業会計原則に基づいて、会計期間（年度）の損益を正しく明らかにしたものである。しかし、売上によって回収しなくてはいけないのは、財務会計における会計期間内の製造原価だけでな

く、開発や設計、生産準備などの先行投資を含めたライフサイクル全体でかかる費用であり、これらは会計期間とは関係なく発生する。

　製造業は「固定費回収モデル」と述べている通り、企画や開発設計、さらには生産準備における設備投資などの段階では費用は出ていくばかりで、その後に製造を開始して出荷に至ってからはじめて売上が上がる。売上の中から、製造中に発生する材料費や加工組立費用を差し引いて、さらにそれ以前に投資した費用をコツコツと回収するビジネスモデルである。事業単位で考えると、企画や開発止まりで、製品化に至らなかった費用も、製品化されたものの売上で回収していかなくてはいけない。特に近年は製造ビジネスモデルも変化してきており、製品そのものではなく製品出荷以降のサービスで儲けるというような事業形態も浸透してきている。ますます、投資した費用をどの時点で回収できたか、もしくはいつ回収できそうか、どのようにしたら回収できるかを議論するための基礎情報の必要性は高まり、見える化されていることが重要になってきている。

　また、設備投資にしても、設備を購入する際は、目的や利用予定とその効果を試算して稟議をあげて購入を決めるのに、予定通りに利用できているか、効果を上げているのかをしっかりとフォローできているケースは多くない。どの製品の製造のために設備投資をしたのか、その製品で予定通り回収できているのか、いつ回収できるのかを確認していかなければ、購入時の計画は絵に描いた餅である。当初計画の製品で回収見込みがなければ、他の製品製造に活用したり、新規製品で活用できるように検討したり、もしくは未回収分を別の製品や設備で埋め合わせできるように計画を見直すことが必要である。売却も選択肢の1つである。

　投資についても、計画はその実績と比較して、反省をしなくてはいけない。その反省に基づいて、次の投資計画精度が上がり、投資の効率を上げることができる。いわゆる投資のPDCAサイクルである。製品事業としての投資と回収、製品ごとの投資と回収、設備ごとの投資と回収など、それぞれの

ライフサイクルにおける投資回収のPDCAサイクルが存在する。

PDCAサイクルを回して、どのタイミングで投資が回収できるのかがわかっていれば、販売方針についても選択肢が増える。販売価格を下げて競合からシェアを奪い取る、設備を更新してさらなる効率化を追求する、ロングテールで稼ぐ、ディスコンにして別の製品に注力する、製品ミックスを組み換える、様々な選択肢を合理的に判断できる。そのためにも、投資と回収の見える化、製品事業力の見える化は重要な経営ツールとなる。特に近年注目を浴びている製造業のサービス化と相まって、ますますその重要性は増してきている。

図13 モノづくりの利益（製品事業損益）分析例

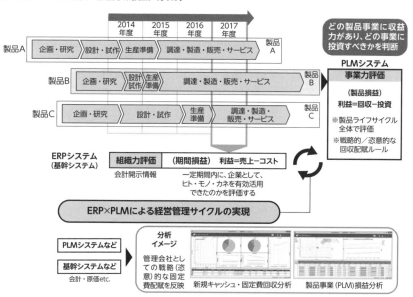

図14 新規投下キャッシュ・固定費回収ポイントの見える化

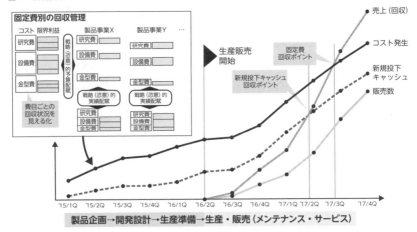

稼ぐ力を維持・強化し続けるための製品事業力の見える化

　本書では設計と製造の連携の重要性について述べているが、そもそも設計と製造は分断化される宿命を背負っている。製造業の会社組織を見ても、一定規模以上のほとんどの企業では、設計部門と製造部門は分かれている。部門が分かれると時間の経過とととともに、それぞれの個別最適化が進み、自ずとその間に見えない壁ができてくるものである。また、設計部門と製造部門に関しては、担当役員も別となっているケースも多い。そうすると、両部門間の利害調整は社長しか決定権がないことになる。さらには、設計と製造の拠点分散化や国際化、分業化も進んでいる。ますます設計と製造の距離は離れていく一方である。

　また、従来の多くの日本企業は現場の統合力、すなわちボトムアップ型のすり合わせを強みとしてきた。ところが、現在の複雑化してきたモノづくりにおいては、すり合わせが適合しなくなってきた面がある。製品ライフサイクルは短縮化し、現場すり合わせのための時間がなくなってきた。技術も多様化と複合化が進み、以前はメカトロニクスとハードウェアの知識があれば

事足りたところが、今はソフトウェアの知識も不可欠である。現在のほとんどの製品は、ソフトウェアで動いているといっても過言ではない。すり合わせの難易度は飛躍的に高まっている。

　外部に目を向けると、異業種からの参入や新興国企業の台頭など、競合の多様化と国際化により、製品ラインナップならびに売価やコスト構造も多様化している。新興国市場の立ち上がりや既存市場のニーズ細分化により、顧客の多様化と国際化も進む一方である。技術革新も特にエネルギー分野などでは著しい。新技術の取り込みも、市場競争を勝ち抜くためには必須である。これらに対応するためには、モノづくり企業はしっかりと利益を上げて、その利益を活用して新技術や新事業、そして新製品への投資をしていくことが重要である。ここで言う利益は、財務会計で言う会計年度内の見かけの損益ではなく、投資した分をしっかり回収して、そのうえで手元に残る資金のことだ。その累積収益こそが、モノづくり企業の稼ぐ力である。

　また、この稼ぐ力を持続させるためにも、新たな投資が必要である。その投資をするためにも稼ぐ力を磨かなくてはいけないし、そのための経営判断を迅速に合理的にできるようにすることが重要である。ぜひとも、この投資と回収の見える化、すなわち製品事業力の見える化を行い、稼ぐ力を高め、現代のグローバルな市場ニーズやシーズに対応するために、次の新しい競争力を獲得するための投資を的確に判断して、積極的に行っていけるようにしたい。

> column
> ### IoTを活用した製造情報による原価企画の精度向上
>
> 　原価企画においては、その精度を上げるために詳細な見積を行っていることが多い。特に、製造費用については、各手順の作業時間や設備のタクトタイムを用いて原価積算を行っている。一方で、製造実績情報は、複

数の作業手順をまとめた工程単位の時間や、段取り時間や配膳時間の区別がない合計実績時間、設備時間に至っては個々の製品で使用した時間ではなく製品製造台数による配賦によって丸められた時間が使われていたりする。製品設計や工程設計における作業や工程の単位は、技術的な観点で設定される一方、生産管理においては生産の出来高や財務視点で原価計上することに注力して実績収集が行われていることも要因である。この大雑把な製造実績情報と、原価企画で用いている細かな情報を比較しても、原価企画の見積標準の精度を大きく向上させることは難しい。メッシュが違いすぎるのである。

　製造実績に関して言えば、実際にストップウォッチなどで計測しようと思えば、できないこともないが継続し続けるとなると多大なコストがかかり、現実的ではない。原価企画のメッシュで実績を正しく捉えようとすると、作業が増える現場は抵抗し、もちろん作業が増えるのでその分生産量が落ちるか作業員の追加が必要となる。なにより、何かアクションを起こさないと必要なデータが取れない。

　企業のITシステムの構造を見ると、会計システムとも連携する生産計画や在庫管理を扱うSCMシステム（またはERP基幹システム）があり、製造現場には各設備機械を制御するPLC（設備制御システム）が存在する。その間を、生産ラインを制御するMES（製造実行システム）が繋いでいる。このように3層になっていることが一般的で、もちろんPLCでは設備の実稼働時間を細やかに取得できる。ところが、この3つのシステムは、それぞれ主管部門が異なることが多い。SCM/ERPは管理部門、MESは製造部門、PLCは生産技術部門といった具合である。システムが分かれていれば、部門も分かれているのである。

　ところが、IoTの普及により、詳細なデータの取得が容易になってきた。SCM/ERPとMES、PLCのデータを整理して、設備の稼働状況をSCM/ERPシステムまで連動することや、各種センサによってより精緻な実績情

報の取得が可能になっている。また、設備だけでなく、人の作業であっても、その動作から、細かな手順ごとの作業時間の自動取得も可能になってきている。原価企画の見積メッシュと実績情報のメッシュをあわせて、見積標準の継続的なブラッシュアップを行うPDCAサイクルの実現は、現実のものとなってきている。

　IoTデータを利用した製造情報の設計フィードバックによって、製品コストや品質の改善を高度化できる。実際の品質データの計画値と計測値を比較して、設計基準に無駄がないか過剰設計がないかをチェックして設計基準を見直すことができる。また、作業実績や不具合、故障保全実績を踏まえて、見積基準や製造制約を加味した設計基準をブラッシュアップできる。具体的には、設計値と計測値を分析して、設計基準や各種設計計算のロジックや係数の精度向上などを行う。これらのデータは大量になることがあり、人手による分析には大きな労力を要する。このPDCAサイクルの高速化を支援するテクノロジーとしても、AI活用は技術の発展とともに現実のものになってきている。

　なお、「原価の発生は製造段階でも決定は設計段階」の項で述べた通り、ある程度まとまった粒度であっても、見積と実績のレベルをあわせて比較ができれば効果を出せる。もしも、見積と実績の比較自体ができていないようであれば、粒度の大小はおいて、できるだけ早く実現できる粒度の大きさで、比較ができる仕組みをつくって、その粒度における精度向上を行うべきである。順番としては、まず比較ができること、その次に精緻化である。

設計製造情報連携の様々な事例

　設計と製造の情報連携は、設計と製造のコミュニケーションになぞらえることができる。コミュニケーションの基本は、同じ言語で話ができることで

ある。品目コードとBOMを整備して、お互いが同じモノを同じ言葉で指し示せる必要がある。そのうえで、BOMの情報をCAD/PLMからSCM/MESシステムに素早く流せるようにすることが重要だ。設計部門で下流工程のためのBOMをせっかく準備しても、SCMやMESシステムにそのデータをマスタとして登録するのに四苦八苦しているケースがある。これでは、せっかくITシステムを導入したのに、そのことが設計から製造への情報の流れをせき止めているようなものである。

　SCMやMESシステムに設計からのBOMのデータがそのまま流せない最も大きな要因は、SCMやMESシステムのマスタ設定で要求される設定項目のほとんどが設計では決められず、マスタ設定時に新たに設定が必要なことと、その量がとても多いことに起因する。しかし、SCMやMESシステムで追加設定が必要となるマスタ項目値の大半は、実に品番に付随することが多く、新規に部品やアッセンブリ（中間品、ユニット）を設計したとしても、SCMやMESシステムで追加設定が必要なマスタ項目値は、既存の類似品目とほとんど同じであるケースが相当数を占める。

　わかりやすい例として、旧部品を参照して互換性のある新部品を新たに設計した場合には、追加設定が必要なマスタ項目値は、ほぼ同じになることがほとんどだ。互換性がなくても、手配可能な工程、外注先、リードタイムなどが大きく変わるものは多くない。特に、製造工程を考慮した製品設計ができていればなおさらだ。このことを活かして、何をおいてもBOMの情報をCAD/PLMからSCM/MESシステムに素早く流せる仕組みをつくることが基本である。標準化した工程情報を標準BOPテンプレートとして活用して、SCM/MESシステムのマスタデータを生成することは、全てとはいかなくても大半は自動化できる。

　この仕組みは、量産型だけでなく個別受注生産型の製品でも有効である。これによって、開発設計から製造までの業務効率が大きく改善されるとともに、大幅なリードタイム短縮が期待できる。すでに、これらの仕組みを以前

より実現している製造企業も存在し、中には設計情報がリリースされると、その日の夜のうちにSCMシステムのマスタが自動生成されるとともにMRP（資材所要量計算）が実行されて、翌朝には必要な手配指示が行われている事例も存在する。未だこのような連携の仕組みがなく、人手だけに頼っているようであれば、まずは素早くこの仕組みを構築してしまうべきだ。

そのうえで、設計から製造への一方通行の情報連携だけでなく、設計と製造の双方向連携、すなわち双方向のコミュニケーションによってさらなる効果を追求できる。原価企画や原価情報に焦点をあてた設計と製造の双方向連携については、今まで述べてきたが、ここからは原価情報以外にも有用な設計と製造の情報連携事例を取り上げる。原価以外の情報であっても見える化によって社員の行動を変えることができる。また、設計と製造の情報連携だけでなく、設計と営業の情報連携の事例についても紹介する。

設計検討段階からの設計と製造の情報連携

生産技術の現場業務のヒアリングをすると、設計が終わってから生産準備を開始する。設計が終わらないと、その後の変更を恐れて、生産準備をなかなか始めたがらないというようなケースを多く目にする。生産管理の分野では「気配り生産」という考え方があるが、その考え方を設計部門と製造部門の連携業務に適用できると効果的である。

気配り生産の考え方は次の通りである。前工程（＝供給側）が後工程（＝需要側）の計画をのぞけば自工程の成果物を後工程がいつ使おうとしているかを的確に把握できるので、後工程に迷惑をかけないように自律的に調整して必要なものを必要なときに納入する。一方、後工程は前工程に必要な計画・進度を見せるとともに、前工程の計画順序を確認する。逆に、前工程がボトルネックであれば、後工程が前工程の計画と進捗を参照すれば、後工程で必要とするものがいつ供給されるかを知ることができ、その納入にあわせて生産を始めることができる。

この自律的な同期生産方式である「気配り生産」の考え方の前工程を設計部門、後工程を製造部門と捉えると、前工程のCAD/PLMと後工程のSCMとの計画・進度情報をお互いにうまく見えるようにすることで、設計から製造へのスピードアップが期待できる。新製品の立ち上げ時だけでなく、特に受注後に設計があるような受注生産形態ではその効果は顕著である。

　設計検討段階の品番が未採番の状態であっても、その製品構成をBOMとして管理できるPLMシステムも存在している。そのBOM情報を、品目未採番のものも実際には手配できない仮構成として、SCMシステムに連携すると、製造部門においてはSCMシステムでおおよその計画を立案することができる。設計部門でその生産計画の情報を参照すると、手配に間に合わせるためには各構成パートをおおよそいつまでに設計して完成する必要があるかを判断して調整できる。また、設計部門の進度が生産計画に影響するような場合には、システムからアラートを出すこともできる。

図15 気配り設計＆気配り生産

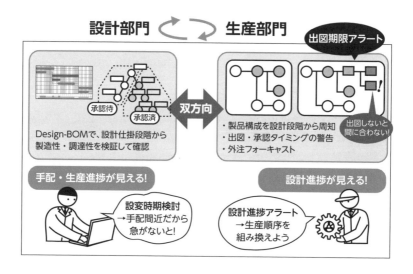

品番未採番状態の新規部品であってもSCMシステム側では過去の類似品目や部品カテゴリごとの標準品目の情報を利用して、おおよその計画や手配すべき材料などを把握することができる。特に、品目のバージョンアップなどによる新規品目については、SCMシステムで必要な情報は品名以外ほとんど同じ場合であることが多い。バージョンアップ品目でなくても、この時点でおおよその生産計画を調整するための十分な情報を生成することは容易だ。特に、製造機械メーカーでは、このような情報活用によってPLMシステムからSCMシステムへの情報連携の自動化や効率化が進められている事例も複数存在している。

VEコストダウン検討と設計への生産アラート

設計変更においても、設計部門における製造情報の見える化は有効である。原価情報ではなくとも、生産計画情報が見える化されているだけでも有用な例が複数ある。品質問題によって設計変更しようとした部品をPLMシステムで確認した際に、その部品もしくはその部品を利用した組立作業の生産計画が間近であることがシステムからアラートされて気がつけば、まずすべきは設計変更の処理を進めることではなく、生産を止めることである。設計変更の手続きをしている間に、生産が進められて不良を製造したら、それこそ大きな無駄である。また、製造後に設計変更が発行されて手直し、もしくはつくり直しになると、製造前に生産を止めた場合よりも長いリードタイムが必要になる。

製造開始後のVE（Value Engineering）によるコストダウンで設計変更を検討する場合においても、設計変更しようとした部品をPLMシステムで確認した際に、今後の生産計画からその部品の使用予定数が見える化されていると、そのコストダウン評価をより効果的に行うことができる。仮に、1万円のコストダウンができる設計変更を行うことを企画した場合でも、その部品もしくはユニットの使用予定がなければ、その効果は、設計変更業務にまつ

わる間接費用分だけマイナスである。しかし、100円のコストダウンであっても、今後100万個の使用予定が見えていれば、その効果は1億円である。単純に製品ごとのコスト積み上げだけで、コストダウン評価はできない。

図 16 生産予定量を考慮した VE 検討や設計変更アラート

もう1つ、VEによる設計変更と言えば、在庫を使い切ってから設計変更を行うケースが存在する。SCMパッケージでは、在庫使切設計変更や、ランニングチェンジと呼ばれる機能が標準で用意されており、パッケージに切替時期（日程）を任せればよいように思われる。しかしながら、複数品目を同時に変更しなければいけないという制約がある設計変更のパターンが現実には多く発生する。この切り替えが標準機能によって自動でできるSCMパッケージはほとんどない。発注データの情報を加味した在庫推移を見ながら、人手で判断していることが一般的である。特に、2つの部品を同時に切り替える場合に、両部品の在庫推移のバランスを見て片方を買い増してから設計変更時

期を決定する場合もある。また、その部品が多くの製品や製品シリーズに利用されている場合は、その判断自体を行うことも難しくなってくる。ECO（設計変更指示）起点で、関連する部品の在庫推移情報が一元的に見える化されていれば、それらの判断は容易かつ合理的に決定できる。

設計製造情報を営業で活かして受注能力を向上

　カスタマイズオプションの多い受注生産形態のビジネスにおいては、CAD/PLMのコンフィグレーション機能と連動して、SCMシステムの見積や受注時にその製品イメージをビジュアルにお客様と確認して、その仕様を決めることが一般的に行われるようになってきている。特に、受注設計が必要な製品においては、従来はお客様と仕様を確認する都度、毎回設計担当に対応可否や見積依頼を行うようなケースがあったが、過去の設計仕様情報を活用することで、SCMシステムでの見積登録時に営業がコンフィグレータで初期見積を実施したうえで、新規仕様の製品についてのみ見積設計依頼を発行するという運用も可能だ。

　既設計の仕様組み合わせの製品については、設計確認が不要になるので、設計不通過率を高め、受注可能件数を増やす効果が期待できる。また、設計不通過となるケースでは、見積や受注の時点で構成や製造工程の情報がわかるので、その場で生産におけるボトルネック工程やキーパーツを予約して納期回答まで行う運用も可能になる。

　また、設計側からは既設計の製品仕様情報や、推奨製品仕様情報を営業と連携でき、その仕様を選択した場合には安価でリードタイムも短く納品が可能である。そのため、営業がそのような利益を確保しやすい製品仕様をお客様に提案しやすくなる。特に、半見込み半受注生産の場合には、見込みで途中まで生産中の半製品が受注に引き当てられない場合にも、その半製品から派生可能な製品仕様構成を営業で積極的に推奨提案できる。これは、在庫回転率の向上に寄与する。

設計製造情報を営業にも連携することで、設計効率化による受注能力が向上し、在庫情報を効率よく営業提案に活かすことのできる事例である。

図17 営業での設計情報活用による受注能力拡大

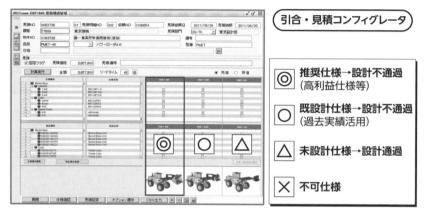

3D設計情報の製造活用

安価な労働力を求めて、またはマーケットインで生産するために、多くの企業が海外に生産拠点を展開している。また、日本でつくる場合であっても、少子化の進む中、工員全てが図面や日本語で詳細に書かれた手順書のわかる人ばかりでモノづくりをする環境ではなくなってきている。日本国内でも、工員のほとんどが日本人ではない工場もすでに存在し、海外においても1つの言語で全ての工員が理解できるとは限らない。3次元データの優れた点は、コミュニケーションツールとして、どんなバックグラウンドの人でも共通の認識を持つことができるという点である。図面が読めない、作業手順書の文章が読めない工員が多い現場でも、性能と品質を満たした製品が安価に早くつくれることは、必須条件になってきている。

特に工程アニメーションなどのデジタルデータを活用して、流れてくる製品に応じて、前回の組立や加工と、今回の組立や加工の差異部分だけをハイ

ライトして注意を促したりすることもITシステムを用いれば容易に実現できるようになった。混流生産や一個流しのような生産形態には特に有効である。

また、ユーザマニュアルや保守マニュアルのイラストや保守パーツリストへ連携している事例も多く見かけるようになった。3Dデータなどの設計情報をマニュアルなどにも連携させることにより、設計変更をそのまま一気通貫でマニュアルにも自動で反映できる。全自動といかないまでも半自動で反映できるだけでも、その効果は大きい。反映漏れによる事故を防ぐことにも有効である。

3Dの設計資産を設計部門や生産技術部門のシミュレーションだけでなく、直接製造でも活用していくことは、製造現場の改善選択肢をより柔軟にすることができる。今後は設計デジタルデータを、設計や生産技術だけでなく、どれだけそれ以外の部門でも連携して有効活用できるかが、生産性の差となり、競争力の差に繋がるだろう。

モノづくりの全部門で活用できる設計製造情報

日本の製造業の強みは高い技術力と現場力と言われている。この2つを結びつけているものは何かというと、生産技術である。製造現場では実際に作業を行って製品を製造するわけだが、どのような製品をつくるかということについては、開発設計部門で決定される。また、どのように製造を行うかについては、生産技術部門で決定される。この生産技術部門が開発設計部門に製造制約やコストファクターなどの情報を提供してフロントローディングを推進し、また製造現場に対して工程フローを決定し、作業標準を定めているのである。設計と製造のすり合わせの立役者である。過去に外注化を加速させて生産技術ごと外注に依存するようになった企業や、不況期に生産技術部門がリストラの対象にされた企業では、その後のモノづくりのコントロール力を失い、迷走を始めたところも少なくない。

この重要な生産技術部門であるが、この時代になってもIT化、デジタル化

の空白地帯となっている企業が多い。もちろんPCは利用しているが、重要な情報がExcelやWordなどの表計算及び文書作成ソフトウェアで管理されていることがほとんどだ。設備や治具などの情報だけでなく、工程フローやQC工程表、標準作業手順書、検査手順書までもExcelやWordで管理されている。この問題点は、情報管理が個人に依存して、関係者で共有することが難しく、その人に聞かないとわからない。さらに、その人の中でも、複数のファイルの中で、どれが最新の情報かわからないということや、必要な情報がなかなか探せないということがよく発生する。また、設計変更にあわせて改訂が必要なのに、反映が漏れてしまうことや、誤って製造現場で古い手順書を用いて作業をしてしまうということも、ありがちである。

　これらの解決策となるのが、BOP（Bill of Process）情報の一元管理、システム化である。BOP情報とは、先に述べた工程フロー情報に、QC工程表や標準作業手順、検査手順などの製造現場で必要な情報を全て一元的に集約したものになる。このとき、E-BOMをはじめとする各種設計成果物とM-BOMならびにBOP情報を結びつけて管理することが肝要である。また、製造情報からフィードバックされる製造実績情報や実際原価の情報も集約して管理できることが望ましい。

　この情報を活用して、設計部門に対しては製造制約やコストファクター情報、製造現場に対してはQC工程表や作業手順書を出力して最新情報を間違いなくすみやかに誰でも提供できようになる。設計変更の場面でも、従来は別々の場所にある変更対象をそれぞれ探して内容を確認して改訂要否を判断する必要があったが、E-BOMの変更をそのままM-BOMに反映できることだけでなく、関連する製造情報への影響範囲をトレースして、製造帳票などの改訂も漏れなくすみやかに行うことができる。

　すなわち、設計製造連携の本質は、モノづくりに必要な各種情報を一元管理して、モノづくりに関わる全ての部門でその情報を活用できるようにすることである。中でも重要なのが、資産情報である。設備や治具や工具などの

第5章 ● 設計・製造・会計連携による製品事業力強化

情報をリスト化し、加工条件の上限下限制約などをデータ化して、いつでも参照できるようにしておく必要がある。設計への製造制約やコスト情報、コストファクターの見える化は、この情報に基づいて行われる。資産情報がリスト化されたBOP情報とE-BOMならびにM-BOMの情報が連携し、SCM/ERPシステムやMES、IoT情報とも連携して一元管理されることで、モノづくりの各部門において図18に挙げる様々な活用効果を得ることができる。

なお、購買見積の仕様情報や見積条件、過去のトラブル情報（過去トラ）、クレーム情報、IoTデータとして設計見積の単位とあわせたBOPの工程や作

図18 モノづくりに必要な各種情報を一元管理して全部門で活用

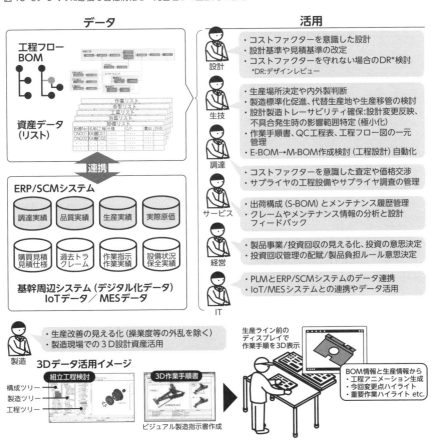

243

業単位の作業実績、設備稼働実績、保全実績の情報なども、モノづくりに必要な情報であり、統合して一元管理されるべきデータである。改善や変革のポイントを探る、絞る、コストファクターを確認する段階では大くくりでの情報があればよいが、具体的な改善策やコストの検討を行うためには、具体的な明細情報が必要となる。

　しかしながら、これらの情報は、一般的なERPやSCMの基幹システムのパッケージに含まれていないことが多く、基幹システムを導入しただけではデータ統合ができないことに注意する必要がある。これらの基幹周辺業務についてもデジタル化し、その情報が基幹システムとPLMシステムの設計製造情報に連携され、改善やコストの検討に必要な前提情報としてすぐに参照できるようになっていることが肝要である。

第6章

プロセス・イノベーションを実現させる改革アプローチ

~テクノロジーによる業務変革の道筋~

第1章から第5章まで、事業変革・設計改革・原価改革と様々な視点で述べてきた。第1章から第3章は、"やるべきこと"について触れた。どのような根本的な問題があり、どのような姿を目指すべきか、一朝一夕で実現できないことかもしれないが、目指す方向性について解説した。そして、第4章・第5章では、"やれること"もしくは"やっていること"について事例を交えながら触れてきた。

　先進的な企業では様々なテクノロジーを駆使し、仕事や社員の意識の変革を実現しているのである。この「やるべきこと」と「やれること」の両面を常に意識しながら改革のロードマップを策定し、実行してもらいたい。本書の内容の全てが、どの企業にも当てはまるわけではないが、取り入れられる部分を1つでも見つけられれば、仕事がよくなるきっかけとなるはずだ。そこで本章では、第1章から第5章までの内容を実行するという視点から、改革のアプローチについて解説をしたい。

改革事例をどう参考にすべきなのか

　改革の推進には、コンセプト・仕事のあり方・システムのあり方、データのあり方が重要となり、そのためにも、具体的な改革事例を知ることも重要な要素だ。本書も第1章から第3章の考え方だけでなく、第4章、第5章で具体的な事例や実現できるテクノロジーについて紹介した。事例は実際に起きている事実でリアリティもあり、非常にわかりやすい。では、その事例から何を読み取ればいいのか。

　そもそも、改革自体を前向きに捉えることができるのはごく少数であり、多くの人は反対するのが一般的だ。普通の人は現状維持がいいし、改革によって「予想される大きなメリット」より、「現状が変わるデメリット」を嫌う。なので、大きな方向性として改革には合意するが、具体的になると色々反対をする。総論賛成・各論反対ということが起こりうるのである。

第6章 ● プロセス・イノベーションを実現させる改革アプローチ

　改革推進者は、社内の多くの人が変化に不安を抱えるものだと理解してもらいたい。そして、自分は現状を「変」えられる「人」なので、「変人」だと思ったほうがいい。筆者も含めてだが、改革の推進者は、やっぱり変わっている。そう思うと、改革に反対する人に、「なぜもっと会社のことを考えないのか」「今のままでいいと思っているのか」という怒りは、わき起こらない。自分のほうが変わっているのだから、何度も何度も説明し、地道に説得せざるをえないと思うべきである。

　事例も同じで、多くの改革反対派からすると他社の成功内容を素直に受け取れない。例えば、トヨタのような大企業の事例を使って説明しても、「トヨタみたいに大きな企業で、人もお金もあるからできることだ」と反対する。そこで別の企業の事例を使って説明すると、「その会社規模だったら、組織が複雑じゃないからできるんだ」と反対する。要は、どんな素晴らしい事例を見せたところで、反対派は自分たちとは違う、自分たちは特殊なんだと常に主張するものだ。反対派の硬い心を解きほぐすのに魔法の杖はない。危機感と目指す方向性を何度も何度も説明し、説得するという当たり前のことをやり続けるしかない。

　ただ、説得にあたり、自社適用を考える際に、事例のどのような点に着目するかに触れたい。図1にあるように、事例というのは改革の結果（Output）なのだ。見えている部分であり、定量効果などもあり、わかりやすい。しかし、実際は企業規模・課題・予算・優先順位・改革の歴史・失敗の歴史・社員の改革モチベーションなどの与件（Input）は千差万別であり、改革のコンセプトや採用するテクノロジーなどの改革手法（Process）も異なる。

　この部分は見えにくいが、実は改革における本質的な部分となる。見えにくい部分のため難しいが、この与件と改革手法にも目を向けるように心がけてもらいたい。そうすると、自社に適用できそうな部分とそうでない部分も見えてきて、それらを踏まえて改革のロードマップを描くことができるのである。

図1 事例適用で重要な要素

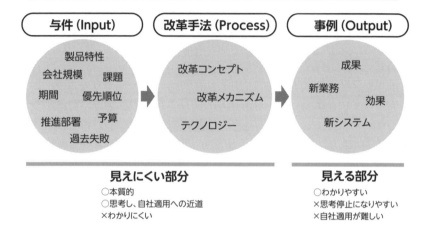

改革に「神の眼」は存在しない

　改革において、今後目指すべき姿やあるべき姿を考える際に、「全体最適を考える」とか、「手戻りの少ない改革プランを立てる」とか、「全体整合をしっかり描いてから改革すべきだ」などのキーワードが出てくる。確かに部分最適になってはダメだし、とりあえず目の前の問題だけ解決しようとするのもダメだ。しかし、これだけプロセスや問題が複雑化している状態で、全体整合をとった改革プランを立てられるのか。筆者は無理と考える。そんな「神の眼」なんて存在しない。

　誰にも設計・製造・販売のバリューチェーン＋原価・会計の姿を描くことはできない。設計・製造だけを切り取っても、最適な連携方法を考えられる人がいるのか疑問である。設計だけ見ても、設計プロセスの理解、図書作成の理解、最適な論理構成の理解、PDM/CAD/BOMの総合的ソリューション

の理解など挙げきれないほどの知識が必要となる。製造においても、工程管理の理解、生産指示業務の理解、在庫管理の理解、E-BOM/M-BOM変換業務の理解、製造原価の理解など膨大な知識が必要となる。そんなことを知っている人は世の中には絶対いない。神の眼があると信じないほうがいい。

　よく全体最適を考える際に、幅広く各部署にヒアリングをしたり、ワークショップを開いて多くの課題を洗い出す場合がある。ポスト・イットに課題を書き出し、KJ法的に分類して、課題を体系的にロジカルに整理していく。そこから、課題の多さ・導入効果・実行容易性などの視点から優先順位を決め、改革ロードマップを策定していくといった手法だ。

　幅広い部門から課題を抽出しているし、ロジカルに整理しているので、全体整合が取れており、全体最適の姿を描けているようにも思える。しかし、この手法には大きな前提の間違いがある。それは、各部門から出てくる課題が正しいという前提に立ってしまっているのだ。各部門から出てくる課題は本当に正しいのか。そこに疑問を持つべきである。

　多くの人は、そもそも正しい課題を洗い出せない。どうしても目に見えやすく、身近な課題を挙げる。また、新しいテクノロジーを使って仕事をしたことがない人が、正しい姿を思い描いて課題を言えるはずもない。課題を何百件・何千件集めてリストにしていると、改革をしている「感」は出る。課題リストを仕分け、綺麗なグラフをつくっていると、「改革活動やってるな」といった感じもする。しかし、そんな課題の積み上げからは、正しいあるべき姿は導けないのである。

　また、このような、ヒアリングアプローチは責任の所在も不明確になる。単純化して表現すると、みんなの意見を聞いて、問題の多いところから着手する多数決の合議制アプローチといえる。合議制は責任を全員で負担することになり、責任者不在となるのだ。課題設定が間違っていても、「みんなが言っていた」からと責任を感じにくく、痛み分けで、誰も責任を取れないアプローチとなるのだ。

文句ばっかり言っていてもしかたないので、どうするのか。ポイントは3つある。

1　上流からの改革

事業力強化、製品力強化においては、上流である開発・設計段階から改革をすることが重要だ。特に、企画量産型であれば、企画段階や構想設計段階からの改革となり、個別受注企業であれば、見積設計段階からの改革が必要である。上流から綺麗なデータが流れれば、製造などの後工程は自然と仕事がやりやすくなる。製造の抱えている問題も、設計側の情報提示のあり方に問題があるのか、製造そのものに問題があるのか、明確に切り分けできない。だから、上流からの改革が必要となるのだ。ただ、現実的には納期や工数の問題から、設計が全ての情報を綺麗にすることはできないため、より上流から少しずつ改革を進めるアプローチを行うべきである。

2　製品情報のデータ化を中心とした改革

第2章でも述べたが、製品情報（図面や仕様書など）が絵や文字になっていることが、非効率や業務分断の原因になっている。絵と文字は、人が目で見ないと仕事が始まらない。人を介さないと仕事が繋がらない課題がある。この製品情報をデータ化することができれば、仕事は綺麗に流れるし、部門連携もスムーズにいくのだ。

極端な表現だが、プロセスの整理はあと回しでいい。なぜなら、設計・開発に最適なプロセスはないからだ。案件の与件（新規性や難易度）は毎回異なるし、そこにアサインされるスキルセット（若手・中堅・ベテランの誰が担当するか）も異なる。そんな中で最適な進め方は決められない。標準工数も標準リードタイムの考え方も違う。なので、開発プロセスはある種グレーゾーンを残し、担当者の裁量権の中で進めていくべきだ。そして主要なマイルストーンに、なんとか間に合わせる。ドタバタでもいいので、帳尻を合わ

せられることが重要で、それこそが、「開発力」だと思う。

　また、プロセスを詳細に決め、詳細なタスク管理をし、全て業務依頼書を用いて、部門間の仕事の手続きを踏む。このような体系だったロジカルな業務遂行は、ISO的には満点だが、はたして本当に日本企業に合うのか。変化が激しく試行錯誤しながら業務変革を行うためには、開発プロセスはグレーゾーンを残すことも重要だと思う。第2章でも述べたが、人間はきっちり・しっかりが苦手だ。だったらあえてグレーゾーンを残し、プロセスはゆるく、しかし、設計思想や設計データは体系的に論理的にしっかり管理していく必要がある。プロセスよりデータに価値があるからだ。設計プロセスの構築の際には、このようなコンセプトも取り入れてもらいたい。

3　少数による独裁的な改革

　みんなが言っているからやりましょう、という合議制は責任不在の進め方だと述べた。だからこそ、少数の熱意のあるメンバーだけで、独断で独裁的に改革の幹をつくるべきだろう。独断で独裁的になるには、強い思いが必要になる。考えに考え抜いて、どのようにしたら周りを説得できるか、どうやったら新しい姿を理解してもらえるか。頭がパンクするまで考えに考え抜くのだ。そうすることで、思考の粒度、感度、解像度が上がっていくのだ。

　改革案に100点はない。そんな中、現状が10点の状態で、70点の改革案を提示しても、多くの改革反対派（現状維持派）は、マイナス30点の足りないところに目がいく。「この案だと、XXのときが考慮されていない」「これだと、XXの仕事はより工数がかかってしまう」など、プラス60点より、マイナス30点のほうに目がいくのだ。色々文句がついて、「じゃ再検討ね」となり、結果現状の10点のままになってしまう。70点になる機会を逃したことになる。これが現状維持派の思考だ。多くの人は現状との比較で合理的に意思決定できないことがある。足りない30点を見て、良くなる60点を捨てる必要はないのだ。また、独裁的に決めているから、全ての説明責任が発生するのだ。た

だ、これぐらいの熱量を持って進めないと、劇的な改革はできない。全員の課題の積み上げが、あるべき姿にならないことを前提に、一部の前向きで熱意のある人だけで改革の推進を行うべきである。

「きっちり要件定義」は古い。自立成長型システムの勧め

第1章でも述べたが、テクノロジーだけが、プロセス・イノベーションを起こせる。テクノロジーの進化は速く、多様なシステムが存在する。そんな中、システム開発のあり方も再考が必要である。旧来のシステム開発は、最初に「要件定義フェーズ」というものがあり、そこでどのようなシステムにしたいのか、データモデル、処理内容、操作画面、帳票などの要件を決めていく。それを1から決めるのか、パッケージやプロトシステムを用いてFit&Gapで進めるのか色々あるが、要はある期日までに要件を決める。そして開発をし、最後はユーザに受入/検収してもらうという流れが一般的だ。

これは、業務の自動化を中心としたシステム開発ならまだ通用した。その多くは、既存業務の延長線上にあり、ユーザもどのようなシステムにしたいかという要件・要望を持っているから、この進め方で成り立つ。しかし、今求められているのは、根底から意識変革を伴い、業務のステージを変えるようなプロセス・イノベーションだ。そのようなシステム導入において、過去のシステム開発のアプローチは合わない。なぜなら、ユーザがそもそも要件を持っていないからだ。

意識変革を伴うということは、どのようなシステムにしたいかをユーザに聞いてもわからない。いくら事例を見ても、プロトシステムを見ても、綺麗に整理されたPowerPointの資料を見てもイメージがつかない。逆にイメージがつくようなことは、イノベーティブではないからだ。

なので、議論を通じて、ふわっと出てきたイメージをクイックに仮開発して、ユーザに触ってもらう。そしてイメージをつかむ。そうすると、業務とシステムを結びつけることができて、もう少し詳細な要件が出てくる。そう

やって、「要件→仮開発→使用」→「要件→仮開発→使用」→……を繰り返し、スパイラルアップ的に徐々に完成度を高めていくことが重要である。実際に動くシステムを触ってみて、初めてイメージでき、要件が出てくるものだ。このようにシステムを利用しながら、意識変革と業務変革を進めていくのが、イノベーティブなシステム導入となる。繰り返しだが、テクノロジーだけが、プロセス・イノベーションを起こすことができるのである。

ただ、この進め方はいいことだけではない。スコープマネジメントが難しくなる。筆者は何度もこのスタイルでの開発を行っているが、スコープマネジメントが本当に難しい。前述のように、少数の改革者でシステムのスコープも独断的に決めることが重要になる。スパイラルアップ的に要件定義と開発を進める際に、大きく3つのステージに分けて検討を進める。

ステージⅠ：データモデルの定義。システムの幹となるデータ保有単位・仕事の単位・リレーションなどを決める。画面や操作性を無視しどのようなデータを管理すべきかを決める。
ステージⅡ：仕事の流れの定義。データモデルが決まれば、それに基づいて大きな仕事の流れを決める。納期管理や原価管理などの視点から管理単位なども決める。
ステージⅢ：運用の定義。最後に操作性・画面の見やすさ・帳票の定義・管理属性などを決める。データ移行や既存システムとの関連を踏まえて運用を決める。

この進め方において、気をつける点について述べよう。
1つめは、画面設計や帳票設計をあと回しにしているところだ。
画面や帳票の要件は十人十色。個人の好みが出る部分だ。Aさんが良いと思う画面も、Bさんは使いづらいという。そして、画面設計や帳票設計をしていると、システム開発をしている感じになるが、ITの付加価値の低い議論

を行っても時間とお金の無駄だ。画面や帳票の設計は、開発ごっこである。こんな好みの世界を議論するのではなく、ITとして付加価値が高い部分のデータモデルやリレーションに注力することが重要だ。データが命である。

　2つめは、ユーザの好みが出る画面や帳票設計は、ユーザ自ら設定できるシステムであることが大切である。筆者はこれを「自立成長型システム」と呼んでいる。

　近年、このようなユーザ側で自由にテーブルの属性定義を追加したり、画面レイアウトを修正できたりするシステムが増加している。また、エラー通知設定やExcel/Word/CADとの連携などが自由に設定できることも運用定着に重要な要素である。そのようなパッケージを選定し、ユーザの好みの部分は、ユーザ自ら検討してもらい、システム開発としては、最後の最後に議論するべきである。

　3つめは、プログラムの現物主義で進めること。要は、あれやこれやと資料をつくらないことである。

　システム開発では、プロセス関連図・システム化業務フロー（レベルによる階層分け）・データフロー図・テーブル定義書など多岐にわたる資料を作成する。色々つくる割にはその中で、システム稼働後メンテナンスされる資料はどれだけあるだろうか。無論、資料はつくらないよりつくったほうがいい。認識の離齬もないし、きっちりしっかり進められる。しかし、資料が多いと、それに伴い工数とリードタイムがかかってしまう。途中で何か変更があったら、あれやこれやと関連して資料修正が発生する。そんなことが続くと、ベンダー側は「できるだけ変更は起きないように」という心理が働く。この心理が最も問題である。変更には消極的になり、時間やお金がかかるという理由であと回しにする。どんどんユーザのやりたいことと離れていく。結果、業務を劇的に変革するシステムにはならないのだ。

　資料は運用後もメンテナンスされる資料だけつくるべきである。そうなると、ユーザと要件を確認した際に要件確認書（業務マニュアルや運用マニュ

アルなどに発展する元の資料）をPowerPointでつくり、機能一覧をExcelでつくって終わり。あとは、プログラムの現物主義で進めることが重要である。

　きっちりとした資料を大量につくるより、プログラムをどんどんつくっていく。そして、ユーザに現物を見てもらい、さわってもらい問題ないか確認をとる。変更があっても、資料の修正ではなく、プログラムだけ書き換えて終わる。プログラマーは資料づくりは苦手でも、プログラム開発そのものは得意だ。だからどんどん良いプログラムに発展させることだけに注力してもらうのである。

　大量の資料化の背景は、開発を低賃金の孫請け・ひ孫請けの会社につくらせる分業化のために必要だった。開発者とユーザは会話することなく進められる。しかし、スパイラルアップのアプローチでは、開発者が直接ユーザと会話することも必要となる。

　システム品質においても旧来と考え方を変える必要がある。今までの「良い品質」とは、稼働後バグが少なく、安定した運用ができるシステムのことだった。しかし、これからの品質の定義は異なる。システムを早く立ち上げ、ユーザの意識変革を促進しながら、仕事のあり方を見直せるシステムのことだ。そうなると、多少のバグがあってもしかたないと割り切るしかない。その分、迅速に改良を重ねられるようにするのだ。そして、ある程度システムの品質も落ち着いてきて安定期になったら、運用を外部に移管していくのでもよい。その際には、プログラムの現物主義では困るので、リバースエンジニアをし、あと追いで資料化すればいいのである。

　このように、様々な点を考慮して自立成長型システムを実現してもらいたい。きっちり・しっかりとしたウォーターフォール型の開発に染まり切っている人からすると、このようなシステム開発は許せないし、トラブルの元だと叫ぶだろう。そんな1980年代から続けられている昭和なシステム開発をいつまで続けるつもりなのか。システム導入の際には改革が重要だとか、変革をしないと生き残れませんよと他人には訴えかけているのに、自分たちの仕

事の仕方は未だ昭和を引きずっている。

　例えば、SFAという営業管理システムを売っている会社が、他社には「営業管理をExcelでやっていたら勝てませんよ」と言いながら、自社の営業管理はExcelで行っているという、なんとも矛盾の多い話がよくある。まずは、自分たちが仕事のスタイルを積極的に変革することも重要な側面である。ユーザ側もベンダー側も昭和を捨て、新しいシステム開発のスタイルを取り入れる努力が必要なのではないだろうか。

column
テクノロジー × 働き方改革

　今、働き方改革は企業にとって大きな課題となっている。働き方の多様性を認めていく必要があり、残業削減やテレワークなどの取り組みがある。その中で、多くの企業は「効率化」という指標をマネジメントしている。設計で言うと、設計工数削減・設計リードタイム短縮・新規図面枚数削減・設計変更回数削減などである。効率化は確かに重要だが、効率化には明るい未来がない。効率化を追求すると、多くの人は「何もしない・何も考えない・何もチャレンジしない」ということになる。なぜなら、指示された最小限のことを行うのが、わかりやすい効率化だからだ。

「頑張ったもの負け」の文化が最悪

　例えば、部門間の認識の齟齬をなくすために、複数図面から重量情報を抽出して重量リストをつくったとしよう。正式な図書ではないが、よかれと思ってつくる図書だ。そんなよかれと思ってやっていることでも、何か取り組んだ瞬間に、工数とリードタイムがかかってくる。そんなときに、リーダーから「そろそろあの図面の出図だよな。終わっているなら承認に回せよ」と言われ、担当が「図面は終わっているんですが、いつも問い合

わせや間違いがあるので、重量リストをつくってるんです。出図納期まで数日余裕があるので大丈夫です。それが終わったらすぐに承認依頼します」と返答したとしよう。

そこで、リーダーが「言われてないのに、考えてよくやってるな」と褒めればいいのだが、意外に多いのが、「そんなことしなくていいよ。そんなことより早く承認依頼かけて出図しろよ。今月も残業増えたら36協定にひっかかるだろう。とりあえず早く帰ってくれ」と怒られるのだ。

担当は、よかれと思って、会社のことを思って、みんなのことを思って、頑張って資料をつくってるのに、怒られてしまう。これでは、「頑張ったもの負け」である。それより、言われたことだけを粛々淡々とこなし、言われたことだけ終わらせ、早く帰ったほうが褒められる。頑張ったら怒られて、頑張らなかったら褒められる。効率化や残業削減ばかり気にすると、このような声がけになってしまいがちで、そうなると自ずとみんな頑張らなくなるのだ。

残業削減も大切だが、「頑張ったもの負け」の文化をつくらないようにしなければならない。だから、効率化だけでなく、高度化の指標の管理が重要となるのだ。

頑張りたい人は、頑張れる社会に

批判覚悟であえて述べたい。今の働き方改革は、あまり頑張りたくない人を基準にしすぎていると感じてしまう。逆を言うと「頑張りたい人が、頑張れない時代」になっているのも事実だ。昔を礼賛するわけではないが、以前は、日中は案件の仕事をし、夕方に勉強のために技術メモを読み漁っていたし、知識を得るために案件メモや技術メモなどを自宅に持ち帰ることもあった。しかし、今は、夕方に勉強もできず家に帰らされるし、資料の持ち出しも禁止、PCの稼働時間と勤怠と連動しているので家に帰ってPCを開くことすらできない。勉強をしたくてもできない時代になって

しまった。それで本当にいいのだろうか。将来勝てるのだろうか。今の時代、こんなことを言うと猛批判をくらいそうだが、でもいい製品をつくるための技術者を育てるには、綺麗事だけでは通用しない。頑張りたい人が頑張れる社会でなければならないはずだ。

だからといって、単に頑張らせたら今の時代はアウトだ。だからこそテクノロジーなのだ。テクノロジーを活用することで、多様な働き方を実現することができる。テクノロジーは単に効率化を実現させるのではなく、試行錯誤をやりやすくし、高度化を実現させるのだ。

頑張りたい人、頑張ることができる人に、思いっきり頑張れる環境を整え、評価できる社会にすることも、競争社会を生き残るために大切な視点ではないだろうか。

40代・30代・20代は、イメージできないことにチャレンジすべき

本書では、考え方・データ化のあり方・テクノロジーの採用など、様々な点に触れた。PLMは設計と会計を結びつけて経営者を説得しなければならない。プロダクト損益という今までにない会計システムにしなければならない。絵と文字はダメだからCADから寸法とか自動的に抽出しなければならない。統計やAIを使ってコストテーブルをつくらなければならないなど、やるべきだと思うし、やったら効果が大きいのもわかる。でも本当にできるのか？　という疑問もわくだろう。人によっては、雲をつかむような話と感じるかもしれない。うちの経営者はそんなこと関心持ってくれないと嘆くかもしれない。文句の多い社員ばかりで前向きな議論にならないと愚痴をこぼすかもしれない。そんな非現実的な内容よりも、目の前にある課題を解決することに専念したほうがいいのではないかと思うかもしれない。

しかし、今の40代、30代、20代には本気になって考えてもらいたい。想

第6章 ● プロセス・イノベーションを実現させる改革アプローチ

像がつかないことだとしても、雲をつかむような話に聞こえたとしても、多くの人がついてこられない話だったとしても……。ややこしい問題を乗り越えるからこそ力になるし、そうすることで仕事のあり方のステージを変えることができるのである。1つも2つも上のステージで仕事を回すことにチャレンジしなければならないのだ。

今の40代は、定年まで少なくても20～30年は働くことになる。今から20年後の世の中はどうなっているのだろうか。20年は決して短くなく、その間にかなりの時代変化が起こる。今から20年間の変化を耐え抜くプロセスをつくり上げなければ、確実に生き残れないのだ。

図2 20年間の時代変化

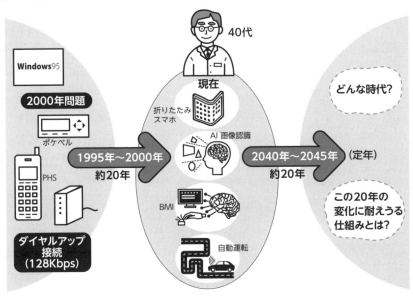

約20年前の1995～2000年を思い出してもらいたい。飛行機も墜落するんじゃないかと大騒ぎしていた2000年問題があったし、電話はPHSで電波が悪いときにはアンテナを伸ばしてPHSをよく振っていた。ポケベルも活

躍し、毎朝公衆電話から挨拶文を打っていた。Windows95が出て、やっとExcelを使い始めた段階だった。インターネットは128kbのダイヤルアップで、メールには1MB以上のファイル添付禁止という謎のルールがあったりした。今思えば、そんなインフラでよく仕事が回っていたなと思う。

　そこから20年飛び越えた現在は、自動運転になったり、AIで人間の眼を超えた画像認識ができたり、携帯はディスプレイが曲がるものまで出てきている。BMI（Brain Machine Interface）といって、脳波を読み取って操作するようなことまでできる時代である。たった20年でこれだけの変化が起きているのである。

　では、今からの20年後はどんな世界が待っているのだろう？　想像もつかない。しかし、40代はこの変化を生き抜く仕事のあり方や、システムのあり方を考え、会社の仕組みを抜本的に見直さない限り、会社が定年までないと思ったほうがいい。「統計とかAIとかよくわからない……」「3Dはちょっと苦手だ……」そんなこと言っている場合じゃない。今は、わからないものに対しても取り組んでいかなければならないのだ。

　これらの改革は、業務に詳しく、権限を持っている50代、60代を当てにしてはならない。よほど大きな不祥事を起こさない限り会社はすぐには潰れない。そうなると、言い方はきついが、50代、60代は今の昭和の延長線上で仕事をしても、定年まで会社は潰れることはないだろう。大きな変革を伴わなくて、自分たちの慣れた「昭和感」を引きずって、「失敗して覚えろ」みたいな根性論を言い続けても、自分たちは逃げ切れるのだ。

　しかし、40代より下は大変だ。本気で次のことを考えないと生き残れないのだ。筆者も40代だが、昭和に生まれた世代として、サービス残業が当たり前で育った世代として、最後の責任として、次の世代のために新しい仕事のステージを準備してあげる必要がある。40代は必死になって考え抜かないとあとがないと思ったほうがいい。

　そして、もっと大変なのは20代である。20代はあと40年も生き抜かなけ

第 6 章 ● プロセス・イノベーションを実現させる改革アプローチ

図 3 40 年間の時代変化

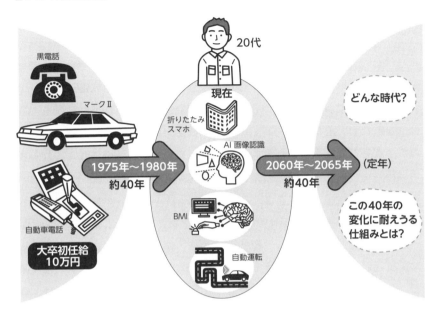

ればならない。約 40 年前の 1975 〜 1980 年は、まだ黒電話が多くの家庭にあった時代だし、車はトヨタ マーク X じゃなくマーク II の時代で、自動車電話がやっと開発された時だ。大卒初任給は 10 万円で、電子レンジの普及率はたった 10％台だった。新幹線は東京－博多間が開通したばかりの時代だ。自動車電話がやっと開発できたと喜んでいる人が、自動運転を見たらどう思うのか。黒電話を使っている人が、曲がるディスプレイの携帯を見たらどんな風に見えるのか。AI のチャットボットで普通に会話できたり、ホログラムなんかを見たら、SF 映画と思ってしまうのではないか。そんなありえない変化量を、今の 20 代は超えていかなければならない。

　そんなことを考えると、データ化が難しいとか、IT はちょっと弱くてとか、3DCAD は操作がよくわからなくてとか、新システムになって図面立ち上げにクリックを 2 回多く押すことになり使いづらいとか……。そんな、ちまち

ましたことで悩んで足踏みしていていいのか。40代〜20代は、そんなレベルの低い議論ではなく、次の20年のため次の40年のために、今から雲をつかむような世界を模索し始めなければならないのだ。

これはこの1年や2年で実現させる話ではない。次の10年20年と長い時間をかけて実現させるのだ。ただ、今から取り組む内容も、将来的に雲をつかむ話に近づかなければならないし、そんな姿に近づくような啓蒙活動をしなければならない。危機感を共有し、目指す姿を何度も何度も繰り返し言い続けることが必要だ。人間は何度も何度も聞いていると、洗脳される。改革推進者は周りを洗脳するくらいの気持ちで、繰り返し繰り返し説いていくしかないのだ。

繰り返しになるが、プロセス・イノベーションを起こせるのはテクノロジーだけだ。先進的な企業は、積極的にテクノロジーの採用をしている。それは試行錯誤的に活用し、模索しているのだ。旧来のようにシステムは大規模で、しっかりきっちりし、全体整合と手戻りがなくという考え方では、新しいテクノロジーの採用は難しい。小規模で、短期間に、トライ＆エラーで導入していく必要がある。そのためにも、ITリテラシーも高く、感受性も豊かな20代が、どんどん新しいテクノロジーの採用と評価にかかわってもらいたい。

これからはITの時代・データの時代だ。筆者も様々なテクノロジーに触れているので感度はよいほうだと思うが、所詮は旧世代予備軍。やはり20代の感度にはかなわない。40代は仕事の変革を考え抜き、20代30代がテクノロジーを考え抜くことが必要なのだ。そして、経営者も、ITは失敗したら捨てたらいいという気持ちも必要である。1つ1つのIT投資案件で投資回収を厳密にするのではなく、複数年で複数案件のIT投資で、トータルとして投資回収ができているかの判断に切り替える必要がある。さもなければ、積極的で、トライ＆エラーのIT投資は生まれない。新製品開発も同じではないか。失敗の許容がないと、新しい製品は生まれない。ITも同じである。これは、経営者

側の投資決裁の意識ひとつで変えられる部分である。このようにして、今から、雲をつかむような、イメージできないことに近づく一歩を踏み出してもらいたい。それが次の20年、次の40年を支えるイノベーティブなプロセスを築く礎となるのである。

北山 一真（きたやま かずま）
株式会社プリベクト
代表取締役

　IT系コンサルティング会社、製造業系コンサルティング会社ディレクターを経て、プリベクトを設立。競争力ある製品/もうかる製品の実現のため、設計と原価の融合をコンセプトにした企業変革に取り組む。業務改革の企画/実行、IT導入まで一気通貫で企業変革の実現を支援。プロフィタブルデザイン、設計高度化、設計ナレッジマネジメント、製品開発マネジメント、原価企画、原価見積、開発購買、ライフサイクルコスティング、意思決定管理会計、BOM、PDM、PLMなどのコンサルティングを手がける。著書に『赤字製品をやめたら、もっと赤字が増えた！-儲かる製品を実現するコストマネジメント-』（日刊工業新聞社）、『プロフィタブル・デザイン iPhoneがもうかる本当の理由』（日経BP社）他多数執筆。

尾関 将（おぜき しょう）
株式会社図研プリサイト
代表取締役社長

　1994年株式会社図研に入社し、電機製造業向けCAD及びPDMの販売に従事。2010年の新事業部設立に伴い、PLM営業責任者に着任。電機のみならず輸送機器・産業機械・医療機器・住設機器など幅広い製造業に向けた設計製造改革を提案。国内製造業の事業力強化を支援するため、エンジニアリングチェーンの更なる高度化を推進するソリューションの普及に心血を注ぐ。2015年には図研と東洋ビジネスエンジニアリング株式会社のジョイントベンチャーである株式会社ダイバーシンクの取締役に就任。2020年に現職へ就任。

伊与田 克宏（いよだ かつひろ）
東洋ビジネスエンジニアリング株式会社
新商品開発本部 商品企画2部 部長

　1997年大手エンジニアリング会社に入社。2000年より東洋ビジネスエンジニアリング株式会社にて、電機・機械・重工メーカーなどの製造業の顧客向けに、設計と製造の連携を含む業務改革構想ならびにシステム化企画、ERPシステム導入のプロジェクトを数多く手がける。その後、販売・生産・原価管理システム「mcframe」の開発ならび導入に従事するとともに、200社の製造業会員を有するmcframeユーザ会にて製品開発元として各社の課題解決に尽力している。現職にて設計・製造・原価連携ソリューションの企画と開発に携わる。

儲かるモノづくりのためのPLMと原価企画
設計・製造・会計の連携がもたらす新しい経営手法

2019年 9 月12日　第 1 刷発行
2024年10月 3 日　第 5 刷発行

著　者——北山一真／尾関　将／伊与田克宏
発行者——田北浩章
発行所——東洋経済新報社
　　　　　〒103-8345　東京都中央区日本橋本石町1-2-1
　　　　　電話＝東洋経済コールセンター　03(6386)1040
　　　　　　https://toyokeizai.net/

装　丁…………中村勝紀（TOKYO LAND）
印　刷…………港北メディアサービス
製　本…………積信堂
Printed in Japan　　ISBN 978-4-492-96161-2

本書のコピー、スキャン、デジタル化等の無断複製は、著作権法上での例外である私的利用を除き禁じられています。本書を代行業者等の第三者に依頼してコピー、スキャンやデジタル化することは、たとえ個人や家庭内での利用であっても一切認められておりません。

落丁・乱丁本はお取替えいたします。